書名：相法易知
副題：心一堂術數珍本古籍叢刊　相術類
作者：民國「達文社」編

主編、責任編輯：陳劍聰
心一堂術數珍本古籍叢刊編校小組：陳劍聰　素聞　梁松盛　鄒偉才　虛白盧主

出版：心一堂有限公司
出版社地址：香港九龍尖沙咀東麼地道六十三號好時中心LG　六十一
門市：香港九龍尖沙咀東麼地道六十三號好時中心LG　六十一
電話號碼：(852)2781-3722
傳真號碼：(852)2214-8777
網址：http://www.sunyata.cc
電郵：sunyatabook@gmail.com
心一堂術數珍本古籍叢刊網上論壇 http://bbs.sunyata.cc/

版次：二零一一年九月初版
平裝

港幣　七十八元正
定價：人民幣　七十八元正
新台幣　三百二十元正

國際書號：ISBN 978-988-8058-72-3

香港及海外發行：利源書報社
地址：香港新界荃灣德士古道220-248號荃灣工業中心1609-1616室
電話號碼：(852)2381-8251
傳真號碼：(852)2397-1519

台灣發行：秀威資訊科技股份有限公司
地址：台灣台北市內湖區瑞光路七十六巷六十五號一樓
電話號碼：(886)2796-3638
傳真號碼：(886)2796-1377
網路書店：www.govbooks.com.tw
經銷：易可數位行銷股份有限公司
地址：新北市新店區中正路542之3號4樓
電話號碼：(886)82191500
傳真號碼：(886)82193383
網址：http://ecorebooks.pixnet.net/blog

中國大陸發行・零售：心一堂書店
深圳地址：中國深圳羅湖立新路六號東門博雅負一層零零八號
電話號碼：(86)0755-82224934
北京地址：中國北京東城區雍和宮大街四十號
心一堂網上書店：http://book.sunyata.cc

心一堂術數古籍珍本叢刊 總序

術數定義

術數，大概可謂以「推算、推演人(個人、群體、國家等)、事、物、自然現象、時間、空間方位等規律及氣數，並或通過種種『方術』，從而達致趨吉避凶或某種特定目的」之知識體系和方法。

術數類別

我國術數的內容類別，歷代不盡相同，例如《漢書・藝文志》中載，漢代術數有六類：天文、曆譜、無行、蓍龜、雜占、形法。至清代《四庫全書》，術數類則有：數學、占候、相宅相墓、占卜、命書、相書、陰陽五行、雜技術等，其他如《後漢書・方術部》、《藝文類聚・方術部》、《太平御覽・方術部》等，對於術數的分類，皆有差異。古代多把天文、曆譜、及部份數學均歸入術數類，而民間流行亦視傳統醫學作為術數的一環；此外，有些術數與宗教中的方術亦往往難以分開。現代學界則常將各種術數歸納為五大類別：命、卜、相、醫、山，通稱「五術」。

本叢刊在《四庫全書》的分類基礎上，將術數分為九大類別：占筮、星命、相術、堪輿、選擇、三式、讖緯、理數(陰陽五行)、雜術。而未收天文、曆譜、算術、宗教方術、醫學。

術數思想與發展—從術到學，乃至合道

我國術數是由上古的占星、卜蓍、形法等術發展下來的。其中卜蓍之術，是歷經夏商周三代而通過「龜卜、蓍筮」得出卜(卦)辭的一種預測(吉凶成敗)術，之後歸納並結集成書，此即現傳之《易經》。經過春秋戰國至秦漢之際，受到當時諸子百家的影響、儒家的推祟，遂有《易傳》等的出現，原本是卜著術書的《易經》，被提升及解讀成有包涵「天地之道(理)」之學。因此，《易・繫辭傳》曰：「易與天地準，故能彌綸天地之道。」

漢代以後，易學中的陰陽學說，與五行、九宮、干支、氣運、災變、律曆、卦氣、讖緯、天人感應說等相結合，形成易學中象數系統。而其他原與《易經》本來沒有關係的術數，如占星、形法、選擇，亦漸漸以易理（象數學說）為依歸。《四庫全書・易類小序》云：「術數之興，多在秦漢以後。要其旨，不出乎陰陽五行，生尅制化。實皆《易》之支派，傅以雜說耳。」至此，術數可謂已由「術」發展成「學」。

及至宋代，術數理論與理學中的河圖洛書、太極圖、邵雍先天之學及皇極經世等學說給合，通過術數以演繹理學中「天地中有一太極，萬物中各有一太極」（《朱子語類》）的思想。術數理論不單已發展至十分成熟，而且也從其學理中衍生一些新的方法或理論，如《梅花易數》、《河洛理數》等。

在傳統上，術數功能往往不止於僅僅作為趨吉避凶的方術，及「能彌綸天地之道」的學問，亦有其「修心養性」的功能，「與道合一」（修道）的內涵。《素問・上古天真論》：「上古之人，其知道者，法於陰陽，和於術數。」數之意義，不單是外在的算數、歷數、氣數，而是與理學中同等的「道」、「理」—心性的功能，北宋理氣家邵雍對此多有發揮：「聖人之心，是亦數也」、「萬化萬事生乎心」、「心為太極」。《觀物外篇》：「先天之學，心法也。…蓋天地萬物之理，盡在其中矣，心一而不分，則能應萬物。」反過來說，宋代的術數理論，受到當時理學、佛道及宋易影響，認為心性本質上是等同天地之太極。天地萬物氣數規律，能通過內觀自心而有所感知，即是內心也已具備有術數的推演及預測、感知能力；相傳是邵雍所創之《梅花易數》，便是在這樣的背景下誕生。

《易・文言傳》已有「積善之家，必有餘慶；積不善之家，必有餘殃」之說，至漢代流行的災變說及讖緯說，我國數千年來都認為天災，異常天象（自然現象），皆與一國或一地的施政者失德有關；下至家族、個人之盛衰，也都與一族一人之德行修養有關。因此，我國術數中除了吉凶盛衰理數之外，人心的德行修養，也是趨吉避凶的一個關鍵因素。

術數與宗教、修道

在這種思想之下，我國術數不單只是附屬於巫術或宗教行為的方術，又往往已是一種宗教的修煉手段—通過術數，以知陰陽，乃至合陰陽（道）。「其知道者，法於陰陽，和於術數。」例如，「奇門遁甲」術中，即分為「術奇門」與「法奇門」兩大類。「法奇門」中有大量道教中符籙、手印、存想、內煉的內容，是道教內丹外法的一種重要外法修煉體系。甚至在雷法一系的修煉上，亦大量應用了術數內容。此外，相術、堪輿術中也有修煉望氣色的方法；堪輿家除了選擇陰陽宅之吉凶外，也有道教中選擇適合修道環境（法、財、侶、地中的地）的方法，以至通過堪輿術觀察天地山川陰陽之氣，亦成為領悟陰陽金丹大道的一途。

易學體系以外的術數與的少數民族的術數

我國術數中，也有不用或不全用易理作為其理論依據的，如楊雄的《太玄》、司馬光的《潛虛》。也有一些占卜法、雜術不屬於《易經》系統，不過對後世影響較少而已。

外來宗教及少數民族中也有不少雖受漢文化影響（如陰陽、五行、二十八宿等學說）但仍自成系統的術數，如古代的西夏、突厥、吐魯番等占卜及星占術，藏族中有多種藏傳佛教占卜術、苯教占卜術、擇吉術、推命術、相術等；北方少數民族有薩滿教占卜術；不少少數民族如水族、白族、布朗族、佤族、彝族、苗族等，皆有占雞（卦）草卜、雞蛋卜等術，納西族的占星術、占卜術，彝族畢摩的推命術、占卜術……等等，都是屬於《易經》體系以外的術數。相對上，外國傳入的術數以及其理論，對我國術數影響更大。

曆法、推步術與外來術數的影響

我國的術數與曆法的關係非常緊密。早期的術數中，很多是利用星宿或星宿組合的位置（如某星在某州或某宮某度）付予某種吉凶意義，并據之以推演，例如歲星（木星）、月將（某月太陽所躔之宮次）等。不過，由於不同的古代曆法推步的誤差及歲差的問題，若干年後，其術數所用之星辰的位置，已與真實星辰的位置不一樣了；此如歲星（木星），早期的曆法及術數以十二年為一周期（以應地支），與木星真實周期十一點八六年，每幾十年便錯一宮。後來術家又設一「太歲」的假想星體來解決，是歲星運行的相反，週期亦剛好是十二年。而術數中的神煞，很多即是根據太歲的位置而定。又如六壬術中的「月將」，原是立春節氣後太陽躔娵訾之次而稱作「登明亥將」，至宋代，因歲差的關係，要到雨水節氣後太陽才躔娵訾之次，當時沈括提出了修正，但明清時六壬術中「月將」仍然沿用宋代沈括修正的起法沒有再修正。

由於以真實星象周期的推步術是非常繁複，而且古代星象推步術本身亦有不少誤差，大多數術數除依曆書保留了太陽（節氣）、太陰（月相）的簡單宮次計算外，漸漸形成根據干支、日月等的各自起例，以起出其他具有不同含義的眾多假想星象及神煞系統。唐宋以後，我國絕大部份術數都主要沿用這一系統，也出現了不少完全脫離真實星象的術數，如《子平術》、《紫微斗數》、《鐵版神數》等。後來就連一些利用真實星辰位置的術數，如《七政四餘術》及選擇法中的《天星選擇》，也已與假想星象及神煞混合而使用了。

隨着古代外國曆（推步）、術數的傳入，如唐代傳入的印度曆法及術數，元代傳入的回回曆等，其中我國占星術便吸收了印度占星術中羅睺星、計都星等而形成四餘星，又通過阿拉伯占星術而吸收了其中來自希臘、巴比倫占星術的黃道十二宮、四元素學說（地、水、火、風），並與我國傳統的二十八宿、五行說、神煞系統並存而形成《七政四餘術》。此外，一些術數中的北斗星名，不用我國傳統的星名：天樞、天璿、天璣、天權、玉衡、開陽、搖光，而是使用來自印度梵文所譯的：貪狼、巨門、祿存、文曲，廉貞、武曲、破軍等，此明顯是受到唐代從印度傳入的曆法及占星術所影響。如星命術的《紫微斗數》及堪輿術的《撼龍經》等文獻中，其星皆用印度譯名。及至清初《時憲曆》，置潤之法則改用西法「定氣」。清代以後的術數，又作過不少的調整。

術數在古代社會及外國的影響

術數在古代社會中一直扮演着一個非常重要的角色，影響層面不單只是某一階層、某一職業、某一年齡的人，而是上自帝王，下至普通百姓，從出生到死亡，不論是生活上的小事如洗髮、出行等，大事如建房、入伙、出兵等，從個人、家族以至國家，從天文、氣象、地理到人事、軍事，從民俗、學術到宗教，都離不開術數的應用。如古代政府的中欽天監（司天監），除了負責天文、曆法、輿地之外，亦精通其他如星占、選擇、堪輿等術數，除在皇室人員及朝庭中應用外，也定期頒行日書、修定術數，使民間對於天文、日曆用事吉凶及使用其他術數時，有所依從。

在古代，我國的漢族術數，甚至影響遍及西夏、突厥、吐蕃、阿拉伯、印度、東南亞諸國、朝鮮、日本、越南等地，其中朝鮮、日本、越南等國，一至到了民國時期，仍然沿用着我國的多種術數。

術數研究

術數在我國古代社會雖然影響深遠，「是傳統中國理念中的一門科學，從傳統的陰陽、五行、九宮、八卦、河圖、洛書等觀念作大自然的研究。……傳統中國的天文學、數學、煉丹術等，要到上世紀中葉始受世界學者肯定。可是，術數還未受到應得的注意。術數在傳統中國科技史、思想史，文化史、社會史，甚至軍事史都有一定的影響。……更進一步了解術數，我們將更能了解中國歷史的全貌。」（何丙郁《術數、天文與醫學 中國科技史的新視野》，香港城市大學中國文化中心。）

可是術數至今一直不受正統學界所重視，加上術家藏秘自珍，又揚言天機不可洩漏，「(術數)乃吾國科學與哲學融貫而成一種學說，數千年來傳衍嬗變，或隱或現，全賴一二有心人為之繼續維繫，賴以不絕，其中確有學術上研究之價值，非徒癡人說夢，荒誕不經之謂也。其所以至今不能在科學中成立一種地位者，實有數困。蓋古代士大夫階級目醫卜星相為九流之學，多恥道之；而發明諸大師又故為惝恍迷離之辭，以待後人探索；間有一二賢者有所發明，亦秘莫如深，既恐洩天地之秘，複恐譏為旁門左道，始終不肯公開研究，成立一有系統說明之書籍，貽之後世。故居今日而欲研究此種學術，實一極困難之事。」（民國徐樂吾《子平真詮評註》，方重審序）

現存的術數古籍，除極少數是唐、宋、元的版本外，絕大多數是明、清兩代的版本。其內容也主要是明、清兩代流行的術數，唐宋以前的術數及其書籍，大部份均已失傳，只能從史料記載、出土文獻、敦煌遺書中稍窺一鱗半爪。

術數版本

坊間術數古籍版本，大多是晚清書坊之翻刻本及民國書賈之重排本，其中豕亥魚魯，或而任意增刪，往往文意全非，以至不能卒讀。現今不論是術數愛好者，還是民俗、史學、社會、文化、版本等學術研究者，要想得一常見術數書籍的善本、原版，已經非常困難，更遑論稿本、鈔本、孤本。在文獻不足及缺乏善本的情況下，要想對術數的源流、理法、及其影響，作全面深入的研究，幾不可能。

有見及此，本叢刊編校小組經多年努力及多方協助，在中國、韓國、日本等地區搜羅了一九四九年以前漢文為主的術數類善本、珍本、鈔本、孤本、稿本、批校本等千餘種，精選出其中最佳版本，以最新數碼技術清理、修復版面，更正明顯的錯訛，部份善本更以原色精印，務求更勝原本，以饗讀者。不過，限於編校小組的水平，版本選擇及考證、文字修正、提要內容等方面，恐有疏漏及舛誤之處，懇請方家不吝指正。

心一堂術數古籍珍本叢刊編校小組

二零零九年七月

相法易知

弁言

風鑑之書流傳者夥名言精理繁賾難窺市本售行轉輾翻印版窳字細滿紙烏焉顛倒錯亂重章脫簡貽誤匪淺閱者病焉是編依據神相全編彙參諸家之說竄其糟粕擷其菁華汰其複冗絜其要領有法必備無義不搜編分上下男女瞭然而且詳加校閱並無市本諸弊學者取而讀之不費多時魚龍玉石當可辨識即不學斯術者置一册於几案閒既可別人亦可鑑己名曰易知殆亦趨吉避凶之一助也夫

編者識

相法易知上編目次

相男編

相法易知 上編

相男編

觀相總訣

大凡觀人相貌。先觀骨格。次看五行。量三停之長短。察面部之盈虧。觀眉目之清秀。看神氣之榮枯。取手足之厚薄。觀鬚髮之疎濁。量身材之長短。取五官之有成。看六府之有就。取五嶽之歸朝。看倉庫之豐滿。觀陰陽之盛衰。看威儀之有無。辨形容之敦厚。觀氣色之喜滯。看體膚之細膩。觀頭之方圓。頂之平塌。骨之貴賤。骨肉之粗疏。氣之短促。聲之響亮。心田之好歹。俱依部位。流年而推。骨格形局而斷。於星宿富貴貧賤壽夭窮通榮枯得失流年休咎。備皆周密。所相於人。萬無一失。

十三部位總要圖

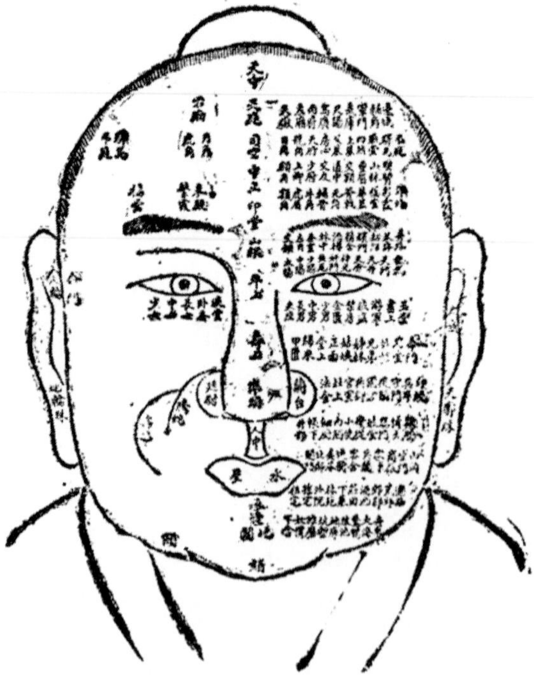

十三部位總要七言歌

第一天中對天嶽左廂內府相隨續高廣尺陽武庫同軍門輔
角邊地足

第二天庭連日角龍角天府房心墓上墓四殺戰堂連驛馬弔
庭分善惡

第三司空額角前上卿少府更相連交友道中交額好重眉山
林看聖賢

第四中正額角頭虎眉牛角輔骨遊元角斧戟及華蓋福堂彩
霞郊外求

第五印堂交鎖裏左目蠶室林中起酒樽精舍對嬪門刼路巷
路青路尾

第六山根對太陽中陽少陽並外陽魚尾奸門神光接倉井天

第七年上夫座參長男中男及少男金匱紫房併盜賊遊軍書門元武藏上玉堂庵

第八壽上甲匱依歸來堂上正面時姑姨姊妹好兄弟外甥命門學堂基

第九準頭蘭臺上法令竈上宮室盛典御園倉後閣連守門兵卒記印綬

第十人中對井部帳下細廚內閣附小使僕從妓堂前嬰門博士懸壁路

十一水星閣門對比鄰委巷通衢至客舍兵蘭及家庫商旅生門山頭寄

十二承漿祖宅安孫宅外院林苑看下墓莊田酒池上郊郭荒

邱道路傍
十三地閣下舍隨奴僕碓磨坑塹危地庫陂池及鵝鴨大海舟
車無憂疑

流年運氣部位圖

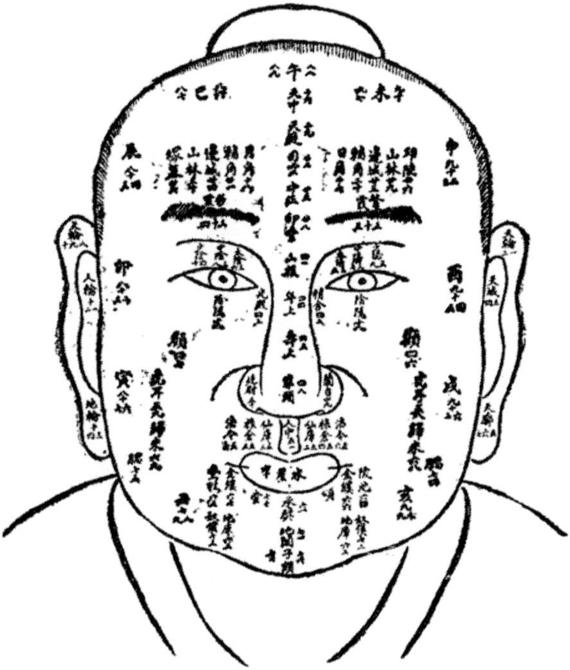

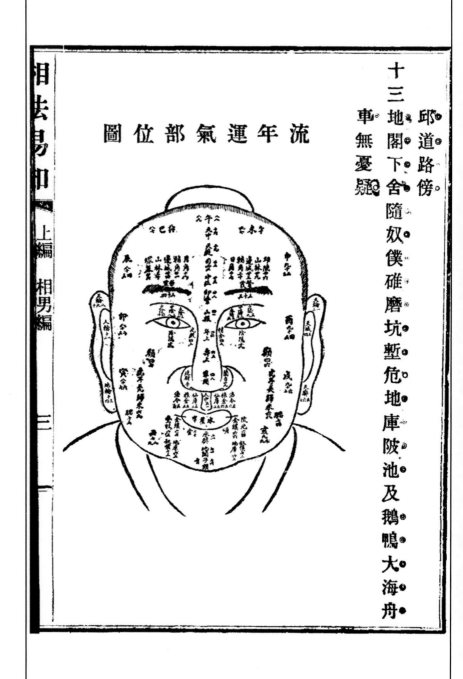

流年運氣部位歌

欲識流年運氣行。男左女右各分形。天。輪。一二初年運。三四周流至天。城。天。廓。垂珠五六七。八九天。輪。之上停。人。輪。十歲及十一。輪飛廓反必相刑。十二十三併十四。地。輪。朝日壽康寧。十五火。星。居正額。十六天。中。骨法成。十七十八日。月。角運逢十九應天。庭。輔。角。二十二十一。二十二歲至司。空。二十三四邊。城。地。二十五歲逢中。正。二十六上主丘。陵。二十七年看塚。墓。二十八遇印。堂。平。二十九三十山。林。部。三十一歲凌。雲。程。人命若逢三十二。額右黃光紫。氣。生。三十三行繁。霞。上。三十四有彩。霞。明。三十五歲太。陽。位。三十六上會太。陰。中。陽。正當三十七。中。陰。三十八主亨。少。陽。年當三十九。少。陰。四十少弟兄。山。根。路遠四十一。四十二造精。舍。宮。四十三歲登光。殿。四旬有四年。上。增。壽。上。又逢四十五。四十六七兩顴宮。準頭。喜居四十八。四十九入蘭。臺。中。廷。尉。相逢正五十。人。中。五十一人驚。五十二三居仙。庫。五旬有四食。倉。盈。五五得請祿。倉米。五十六七法。令。明。五十八九遇虎。耳。耳順之年遇水。星。承。漿。正居六十一。地。庫。六十二三逢。六十四居陂。池。內。六十五處鵝。鴨。鳴。六十六七穿金。縷。歸。來。六十八九程。踰矩之年逢頌。堂。地。閣。平添七十一。七十二三多奴。僕。腮。骨七十四五同。七旬六七尋子。位。七十八九丑。牛耕。太公之年添一歲。更臨寅。虎相偏靈。八十二三卯。兔宮。八十四五辰。龍行。八旬六七巳。蛇中。八十八九午。馬輕。九旬九一未。羊明。九十二三猿。結果。九十四五聽雞。聲。九十六七犬。吠月。九十八九買猪。呑。若問人生過百歲。頤數朝上保長生。週而復始輪於面。紋痣缺陷禍非輕。限運併衝明暗九。更逢破敗屬幽冥。又兼氣色相刑尅。骨肉破敗自伶仃。倘若運逢部位好。順時氣色見光晶。五岳四瀆相朝拱。扶搖萬里任飛騰。誰識神仙眞妙訣。相逢談笑世人驚。

相骨

骨爲陽。肉爲陰。不可陽勝於陰。宜豐隆聳起。亦要肉包乃貴。倘孤露則俗而不貴也。骨之貴者。多在頭上。從鼻上天中。名曰天。犀。從額上天中。名曰伏。犀。日月角爲父。母。骨。龍虎角爲龍。虎。骨。輔角橫入邱陵塚墓。爲驛。馬。骨。從邱陵上頂心過塚墓。爲仙。橋。骨。從天中頂際分插左右山林。爲金。闕。玉。山。骨。頂心有小骨挺起。名曰玉。環。骨。頂上有圓骨若輭若硬。名曰圓。光。骨。耳後有骨者。名曰壽。星。骨。山林塚墓豐滿者。名曰墓。道。骨。頂上高圓者。名曰神。佑。骨枕後有橫骨起者、名曰玉。枕。骨。若彎上者。名曰文。曲。

骨。若三團者。名曰品字骨。一團圓起者。名曰金骨。孤露者。名曰木節骨。覆月樣者。名曰金水骨。邊城有骨起者。名曰金城骨。印堂有骨起至天庭。名曰天柱骨。顴骨連入耳。名曰玉梁骨。顴骨入鬢。名曰驛馬外馳骨。顴骨插天倉。名曰富貴骨。仙橋金闕並起。名曰週仙骨。山林骨起。名曰隱逸骨。中嶽豐隆。名曰神仙骨。旋生頭角。名曰晚福骨。旋生頤頰。名曰晚富骨。俱宜肉包。不宜孤露橫生兇暴。骨輕身貧賤。骨俗性愚蠢。骨寒多夭薄。骨露多刑沖。骨尖多蹇難。骨隆主福壽。骨奇定忠烈。此骨相之易知也。

定行

金形清小而堅方而正。形短謂之不足。肉堅謂之有餘。詩曰、部位要中正。三停又帶方。金形人入格。自是有名場。歌訣曰、頭圓面圓耳又白。齒白唇紅身不黑。骨肉停勻鬢髮疏。腹圓背厚聲清拍。掌平方厚顴骨起。胸平有肉肥合格。行動身體不輕浮。便是金形富貴格。

木形昂藏而瘦。挺而直。指長露節。頭隆而額聳。或骨重而肥。腰背匾薄。非善也。詩曰、稜稜形瘦骨。懍懍更修長。秀色在眉眼。須知晚景光。歌訣曰、掌瘦指長頸又長。鼻長身瘦腰又窄。眉疎鬢疎髮又疎。聲清現喉青合格。行動飄逸身仍定。耳白唇紅又高額。便是木形富貴人。兩眼有神分黑白。

水。形氣濁而浮。潤而厚。形俯而趨下。其形眞也。詩曰、眉粗並眼大。城郭要團圓。此相名眞水。平生福自然。歌訣曰、肉多浮腫腹低垂。眉濁髮濃眼神露。聲多痰滯音不響。唇多口大臀多骨。頸多皺肉行難穩。指短肉多掌闊模。此是水形人似也。細看神強富貴夫。

火形上尖下闊。上銳下豐。其性躁急。騰上色赤。火之形也。詩曰、欲識火形貌。下闊上頭尖。舉止全無定。頤邊更少髯。歌訣曰、頭尖肉紅性又急。髮焦鬚黃鼻露骨。顴尖骨露眼睛紅。眉上欠毛胸又突。掌尖大薄又露筋。行動身搖耳尖拂。聲焦聲破額孤高。唇起露齒火形實。

土形肥大敦厚而重實。背隆而腰厚。其形如龜。詩曰、端厚仍深重。安詳若泰山。心謀難測度。信義重人間。歌訣曰、頭平項正鼻頭豐。地闊朝元方正中。枕骨平橫面黃赤。背腰平厚腹垂洪。頸短掌方足背厚。聲沈耳厚髮眉濃。眼長顴起面田字。五嶽相朝富貴公。

量三停

三停者。有身上三停。有面上三停。玉篋云、身上三停頭足腰看他長短欲勻調。上長下短人多貴。長短無差福不饒。冥度經云、凡天中至印堂。曰上停。山根至準頭。曰中停。人中至地閣。曰下停。此面上三停也。訣曰、上停長。老吉昌。中停長。近君王。下停長。少吉祥。三停平等。富貴榮顯。三停不均。孤夭貧賤。

察面部

聖人以一面之形。分為百部。上取三才。下配五嶽。俯仰天地之位。額為天。頦為地。鼻為人。天闊早發。地闊晚成。天貴乎圓。地貴乎方。人貴乎正。南方無正鼻。不露便為強。額之左右為上二府。管早年亨泰。兩顴骨為中二府。管中年福壽。兩頤骨為下二府。管晚景榮昌。鼻為三府之要路。通五嶽之源匯。故曰天庭欲起。司空平。中正廣闊。印堂清。山根不斷。年壽潤。準頭齊圓。人中深。口如四字。承漿闊。地閣朝歸。倉庫盈。山林圓滿。驛馬豐。日月高兮邊城靜陰陽肉多魚尾長正面顴骨有神光蘭廷平滿法令正金匱海角生黴黄三陰三陽不枯陷龍藏虎伏仍相當五嶽四瀆無尅破便是人間可相耶水鏡曰一面之色白如凝脂黑如漆光黄如蒸栗紫如絳繒而神滿氣厚者榮貴之資也如其部位欹斜不正傾側反勢色嫩氣嬌精浮神泛赤暴如火昏暗如泥毛色茸茸無風似有塵埃者貧窮夭壽之輩也有面如滿月氣深色秀而神彩射人者爲之朝霞之面男女皆主大貴面方耳大卿相並駕面田背駝財寶千箱面反無勢貧少幫助面起重城萬人皈依面大鼻小辛苦到老面大頭尖終身不了顴插天倉貴位邊疆面薄無腮必是窮胎有顴無面多學少成面大鼻尖到老刑傷面肉浮泛破家損子面皮繃鼓壽必夭亡面腫鼻匾多爲奴卒面豐八卦財寶自至面皮虛薄三十而夭面

橫骨反兇暴惡傷身肥面瘦常享安樂身瘦面肥少年多促面無人色為人寡合面多雀斑晦氣蹇難面青變藍陰險極毒

觀眉目

眉者媚也為兩目之華蓋一面之表儀且為目之英華主賢愚之辨也故眉欲細平而闊秀而長者性乃聰明也若粗而濃逆而亂短而蹙者性又兇頑也若眉過眼者富貴短不覆眼者乏財壓眼者窮逼昂者氣剛卓而豎者性豪尾垂眼者性懦眉頭交者貧薄妨兄弟眉逆生者不良妨妻子眉骨稜起者兇惡多滯眉中黑子聰貴而賢眉高居額中者大貴眉中生白毫者多壽眉上多直理者富貴眉上多橫理者貧苦眉中有缺者多奸詐眉薄如無多狡佞訣曰眉高聳秀威權祿厚眉毛長垂高壽無疑眉毛潤澤求官易得眉交不分早歲歸墳眉如角弓性善

不雄眉如初月聰明超越重重如絲貪淫無時彎彎如蛾好色
必多眉長過目忠厚有祿眉短於目心性孤獨眉頭交斜兄弟
各家眉毛細起不賢而貴眉角入鬢爲人聰俊眉俱旋毛兄弟
同胞眉毛婆娑男少女多眉覆眉仰兩目所仰眉若高直身當
清職眉中紋破迍邅常苦

天地之大託日月以爲明一身之榮託兩目以爲光日月能照萬物兩目能知萬情左目爲日右目爲月父母之象也眼爲太陽太陰二星黑白分明睛光朗照爲星辰俱順主大富大貴資財隆盛子孫彭越如白多黑少黃赤侵睛或陰陽反背或白占瞳人或紅纏黑光或黑白混雜便爲陷了太陰太陽定主破財刑妻尅子故眼神取清淨光明爲福壽昏暗流露爲貧夭老祖
論眼最防流麗與清浮赤縷大抵眼不欲怒睛不欲赤白不欲

多。黑不欲少。勢不欲豎。視不欲定。神不欲困。眩不欲反。瞳不欲偏。光不欲流。眼極貴乎含藏有精。徹底分明。目若龍麟而徹亮光明者。食祿千鍾。目若蜂狠而睛露青浮者。惡死奸刑。目若鳳鶴而細長。淸高貴顯。目若蛇鼠而睛赤珠露。奸盜惡死。目如曉星。四海皆聞。目大昏沈。夭死波津。目烈有威。萬人皈依。目靜自明。佛道有成。大眼昏沈。錢財耗散。目色通黃。慈憫忠良。雙眸點漆。聰慧文章。目如臥弓。作事奸雄。目若三角。其心貪惡。目睛含潤。貴必善良。龍睛鳳目。忠孝全名。蛇眼雞睛。忤逆絕倫。浮光太露。惡死無疑。目縫滯花。多作少成。目光如電。貴近君王。目尾插天。必掌刑名。短小昏偏。無智愚夯。目廣方長。聲名遠震。目乏睛浮。貧窮夭壽。眼露四白。刑險遭兵。鷹目高視。心奸惡毒。鼠目偷視。貪淫作賊。雞眼鴿睛。散走他鄉。火氣侵眸。官事重重。赤目睛黃。禍必刀傷。

看神氣

三停不穩須看神。無顏有神是貴人。有顏無神空有顏。無顏無神不須論。有氣有神爲貴人。有氣無神是富人。有神無氣僧道相。無神無氣一生貧。神晃晃兮氣洋洋。似有似無三輔上。骨堅肉緊兩分明。此人定是公卿相。

人以神爲主。有神則發。無神則衰。神足則富貴福壽。神衰則夭折貧寒。神從何處見得。不徒眼中認取。合一身動作周旋飲食起居進退言語視聽聲息中求之也。譬如坐則腰折是無神。坐如山峙是有神。立則足跛是無神。立如石蹲是有神。語則斷續悲咽是無神。語如洪鐘宮商各叶是有神。默則眉鎖愁容是無神。聽則如聾如蠢是無神。視則昏昧不明。動則頭傾身輭。言不響亮。威不發揚。食則過緩過速。飲則如流如雛。不睡而鼻有聲息。不語而口常呼吸。足搖手擺。睡仰行俯此皆神不足之謂也。至於眼中之神。易於揣測。有力於視者。謂之神旺、無力於視者。謂之神衰。視令人畏者。謂之神足。視令人慢者。謂之神歉。此更易於認也。眼若無神。如醉如癡。如昏如迷眯。此必夭折貧寒者矣。

氣與色不同。色屬虛。氣屬實。氣從骨來。色從肉現。有色無氣不發。有氣無色終榮。天地人三才。(自額至眉爲天、自眉至準爲人、自人中至地閣爲地、此氣之所以爲天地人三才者也、)得天。之氣旺。則風水必發。祖德必厚。夙根必深。其氣從山林塚墓邱陵邊城諸位認取。(山林管舊風水、邱陵塚墓管新風水、邊城輔弼管祖德、天中天庭枕骨管夙根、此上停所管三事也、新舊一風水、以三代上下言之）得人之氣旺。則家運必昌。心田必吉。事業必隆。其氣從龍宮兩顴兩眼準頭諸位細辨。（龍宮管家運、心田管子嗣財帛、兩顴管權位事業、準頭管心田、龍宮則陰騭堂、卽精舍光殿位、眼爲光明學堂、家運當發、心田好、陰騭現、必然此位骨肉平圓、神氣清爽、無些渣滓暗滯色在兩顴位至兩鬢、斷不爽也）得地。之氣旺。則後嗣必隆。死獲吉地。壽登仙島。其氣從地閣地庫水星鬚髯諸位參詳。（得地厚者、子得力有地閣者、死得吉地、鬚清而結、眼有碧光、爲仙佛、否則難以福澤斷）氣從骨上起。如飛鴻。如游龍。近看無。遠看有。不可捉摸。似動似伏。此乃旺氣之正宗也。故人無氣有色。卽發卽敗。有氣有色。永發不休。氣聚上停。少運必發。（少運自眉而上是也、十五至三十四是）氣聚中停。中運必昌（中運自眼至準、三十五至五十是）氣聚下停。晚景必達。(自五十至七十五皆是、)人能認得氣字看出。則對面可知人之榮通。斷人之禍福矣。

相手足

手足者、關乎一身之得失。外通四肢。內接五臟。觀五行而配合。分形局以辨魚龍。五行不合。則萬物不生。形體不稱。則家業難成。觀手之法。非取一端而可定。先觀掌紋之細膩端方。偏側硬薄。次察紋脈血氣之根蒂。再揣摩骨肉之平和。量其指頭之長短。然後看浮筋露節之凶。情方可定矣。萬金書云、紋如南星現於中宮。列土分疆。北斗列於正宮。貴爲天子。九羅生於八卦。五井現於離宮。官居極品。掌心印紋。乾宮方印。定爲天師文聖。紋秀如錦、滿掌噀血、資財百萬、巽離坤三峰高起。家財金玉千箱。紫龜紋、金井紋、玉階紋、雲環紋、六花紋、棋盤紋、皆主富貴兩全。

三才紋。如散亂沖破者。主一身少成多敗、如夜叉紋、橫死紋、刀字紋、枷鎖紋、尖角紋、棺板紋、覆舟紋、散亂紋、此皆主貧窮凶夭、鬼谷先生曰、論掌祕法最要緊者、重在五行合格不合格者爲主。相中論指頭修長紋秀者貴。殊不知土形人取在圓厚重實也。如指掌細長者不合局也。相中取指掌肉圓充足者吉。殊不知木形人取在紋脈修長瑩瘦者合格、如指大而掌重實者、又爲不稱於木形、相如好處、亦不能至大富貴也、論金形人取指掌端方、水形人取指掌圓滿、火形人取指尖紅活、土形人。取指掌厚重。水形人。取細瘦紋秀。反此者皆爲不相稱之局也。有等身肥大面圓滿者爲水形。手薄細而指尖長者。又爲不稱之水局也。有等身瘦長面細秀者爲木形。手厚重而指粗大者。又爲木局之不合格也。所以麻衣老祖論曰、面貌者。根本也。手掌者。

枝幹也。相人雖然論手。亦必須合面部而觀之。十不失其一也。照膽經辨手之法又有一論。亦有好處鍾於面部而不鍾於指掌者。亦有好處鍾於手掌而不鍾於面相者。亦有好處。不鍾於面相而又鍾於手相者。何以定魚龍也。常見貴人之相手粗紋粗者何也。土形人不忌掌之粗厚而無紋也。此必眉目英發。但貴而主多勞也。常見俗人之手紋細紋秀者何也。木形人合木形本局也。但嫌眉目不秀。故未得貴。雖居白衣。亦主清閑之福也。總之觀手之法。必要分五行之肥瘦短長合格。而細察眉目聲氣之清濁。然後定貴賤者無漏矣。

八卦宜滿。明堂宜深。掌紋宜秀。掌色宜鮮。賓主宜配。指節不露。指肉宜明嫩。掌宜有肉。掌背宜厚。不露筋骨。掌紋深秀。成字成印成令俱宜。紋溢掌背。主破耗。紋沖四指。主有功名。紋亂坤位。主好色。紋亂巽位。主破財。開。門紅潤。出入求貴。用兵吉。生。門休。門亦然。傷。門青暗。必有刑刼。諸事不利。杜。門青暗。不利出行。大破財。景。門青暗。出入必防災盜。死。門青暗。主死亡。驚。門青暗。主大驚恐。

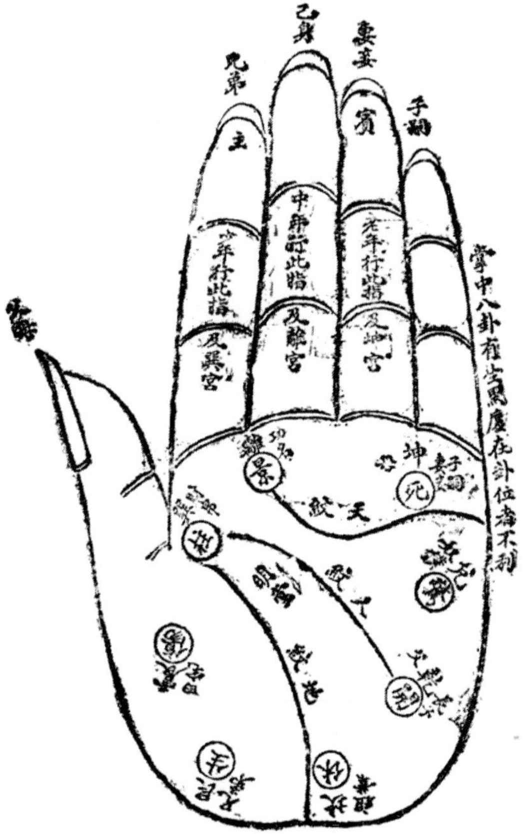

上載一身者足也。爲百體之根。足之量焉。體之象焉。地土厚能載萬物。觀足厚薄偏正妍醜。可審其貴賤矣。足宜平正廣厚方長膩輭爲貴有紋成字。有痣成形。色潤皮滋。可立身矣。所忌側薄短小粗硬枯削爲敗。收縮無紋。皆下品也。足厚四寸。巨富家財。足指纖長。忠良賢顯。足指端齊。豪邁之賢。足下三痣。九州之權。漢文帝足底生毫。唐李白足下龜紋。一世有名。掌中紋如錦繡。食祿萬斛。足下紋如花樹。積財無數。指下十螺皆全。主性慳鄙。足下多紋。大旺子孫。足下無紋。貧苦下賤。男人鴨脚。一世愚

貴

賤

龜紋
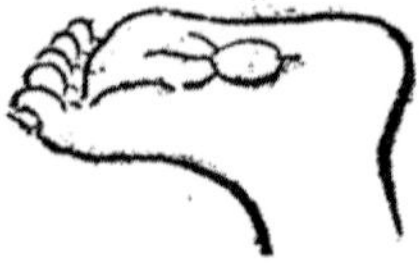

禽紋

賤女入鴨脚多作姨婆

觀鬚髮

鬚爲晚境可定榮枯可分貴賤可辨刑沖宜疎宜潤宜輭宜索得此則福壽綿長子孫蕃衍忌硬忌枯忌密忌無犯此則當年困鈍作事顚倒鬚不過溝(人中無鬚也)多招訕謗(爲人無功)鬚如困口運必迍邅(晚境必滯做官得此不能必食天祿平等人得此則運滯)爲官者鬚密困蔽祿位可虞爲商者鬚疏潤澤財富自足木形鬚白不染而病必遭(金尅木也)水形鬚紅不染而災立至(面紅水形主災病或狂或血或瘡)金形面紅而鬚白亦主官非破財金形面暗而鬚黃又主財傾病至拂左拂右攫內之人開叉開歧運滯之輩上密蓋口湧滯時鈍下密而頰刑尅運蹇雙分燕尾晚境淒涼(刑尅破敗)密號連鬍中年混沌帶焦

黃而血結(火燥血熱爲病)若秀潤而身安面紅鬚赤因官非而大破貲財鬚燥面灰因火傷而大傷產業鬚密眉密帶黑子者水中渰鬚黃面黃帶紅筋者火中喪嫩幼而清潤官宦必亨庶人亦福粗硬而不索情性剛硬兇暴知識愚蒙倘若過少而堅硬無妨名曰鐵綫(疏不妨硬)過多而牽連鬢腳號曰連鬍(滯格四民皆忌)少者宜求之欲多似難強致多者宜修之使少便免迍邅若鎖喉縮頸無非晚境貧寒也如五縷清奇亦是人間貴相也

五十一晚年俱長鬚以定吉凶又可推五十前之丁貴財地閣不朝上唇薄短并竈太薄露人中短促淺平當門牙缺齒露皆宜早長

髮者血之餘也而人生之富貴吉凶福禍貧賤均可知矣髮宜

輭宜幼宜疏宜香。得此則爲富貴福壽。忌硬忌粗忌長(長過身也、)忌穢。得此則爲貧寒夭折。婦人髮長過身。貧賤而不善終。男人鬚長過身。貧賤而不安逸。髮粗而硬。男女多刑。(刑尅相)髮輭如絲。夫妻恩愛。髮黃多貧賤。女亦貪淫。髮焦多貧寒。老猶困屯。孩提髮密。性多頑。男女髮低。運多蹇。髮脚巖巉。早年服色。髮脚生鑽。少運悲傷。(刑父母也、)髮拳難理。愚魯之夫。髮禿而濃。蹇運之人。髮多血旺。性必貪淫。眉濃亦然。髮卷髮亂。運必蹇。眉密亦然。鹵莽性暴。皆爲髮似飛蓬。刑尅命剛。無非鬢髮乾燥。髮幼而疏。求謀必利。髮濃而密。訟獄宜防。(官非纏繞)髮中赤理。不主兵戈。定遭喉症。(赤理主兵戈死、倘相不犯凶者、主喉症斑症而亡、)髮落太早。不妨命短。則慮財空。髮鬢密而粗硬。異常。兼以眉濃。不孝忠。髮鬢退而參差。濃厚兼以眼惡。少仁慈。髮際高弓。運

中停主近
公王上停主
幼善祥下
停主到
老吉昌

古稀可卜。額窄髮厚。服色身災。頭小髮長。刑沖夭折。髮卷刑傷多見。髮亂散走他鄉。此相髮之易知。而吉凶自可見也。

量身材

身有三停長短各宜得配身有大小肥瘦亦貴相宜自頸至臍爲上停自臍至膝爲中停自膝至足爲下停上停長主安逸下停長主奔勞木形身宜瘦長不宜露筋骨土形身宜莊重背厚腰圓金宜皮白肉潤皮鮮火宜瘦硬露骨起節水宜肥胖腫臃皮寬諸形宜白宜黃忌黑忌暗(水形木形黑亦佳)胸宜平潤忌窄忌狹(窄狹狹者量狹識淺)乳宜堂大珠多色黑色紅俱利(主多子而貴)忌白忌塌忌破忌小忌毛多毛以一二三條爲玉帶子貴而賢過多則多生多尅心宜平滿忌陷忌坳(陷者心不足坳

者心有餘、)忌尖、忌突、(心胸尖突、名雞胸、主孤寒、心多狡毒、)肚上宜坳。坳則臍下有託。主人謙虛有福。忌飽、忌脹、忌收、忌瀉、(肚上飽脹、則腹下無託、主無結果、肚上若收若瀉、腹下無託、亦主無結果、)臍、宜深、宜欄。(深主有子而佳、欄朝主子無虛花、有結果、)忌卸、(卸而不朝、必無結局、虛花有防、)忌突。(主子少、有虛花、)腹下宜有帶有託。(有帶有託、是爲有氣、主子結局、無則無結局、)忌凹、忌收。(收凹皆無託之謂、主無子結局、)背、宜厚宜豐。(福壽富貴並享、三甲成也、)忌陷、忌骨。(陷則無壽、骨露主癆疾病苦、又主無財福、)腰、宜平、宜圓。(主富貴福壽、)忌折、忌小。(折則無壽、小則多淫、)腳、宜骨肉勻調。股、宜長、短合配。膝、宜圓而不過尖。(尖則刑犯、)趾、宜短而不過長。(長則主勞、)腳背、忌露筋。(露筋主辛苦無財、宜厚肉、)腳板、忌無紋。(無紋主賤、)足毛、宜輭、宜光。(輭光安逸、粗硬勞苦、）臀宜肉宜肥（肥人無臀、妨子女瘦人無臀主賤）穀道宜多毛（有毛可聚財多則淫）陽物宜小（大則淫賤長則無子）女人陰戶宜輭（大無子養太下主賤寬主淫）陰毛宜少（男女同多則好淫）腎宜縮（腎囊縐如荔枝殼是腎水足相無病多子且易成實）便宜散（散如撒珠、）腋宜香忌狐臭（凡有狐臭主夫婦無緣）肩宜平（卸膊主無擔荷多貧苦結局不佳）此相身之易知也

相五官

（一）耳為採聽官須色鮮高聳過於眉梢輪廓完成貼肉敦厚命門寬大者乃為採聽官成

（二）眉為保壽官須寬廣清長雙分入鬢或如懸犀新月首尾豐盈高居額中乃為保壽官成

（三）眼為監察官須含藏不露黑白分明瞳子端正光彩射人或

細長入髮。乃爲監察官成。

(四)鼻。爲審。辨。官。須梁柱端直。上接山根。印堂明潤。下連年壽。高隆不宜起節。準頭圓起。形如懸膽。齊如截筒。色鮮黃明。乃爲審辨官成。

(五)口。爲出。納。官。須方大唇紅。端厚角弓。開大合小。乃爲出納官成。

大總賦云、一官成。十年之貴顯。一府就。十載之富豐。但於五官之中得一官有成。可享十年之貴。如得五官俱成。終身富貴。

看六府

六府者。兩。輔。骨。兩。顴。骨。兩。頤。骨。欲其充實相輔。不欲支離低露。靈臺秘訣云、上二府自輔。角。至天。倉。中二府自命。門。至虎。耳。下

二府自頤骨至地閣六府充直無缺陷瘢痕者主財旺天倉峻起多財祿地閣方停萬頃田缺者不合

定五嶽

額為衡山（南嶽）頦為恆山（北嶽）鼻為嵩山（中嶽）左顴為泰山（東嶽）右顴為華山（西嶽）

中嶽要其高隆須得東西二嶽朝應為妙不隆不峻則無勢而為小人亦無高壽中嶽陷薄無勢則四嶽無主縱然別有好處不能大貴無威嚴重權壽不甚遠不及且長者止中壽尖薄者晚年見破到頭不稱意東西二嶽傾側無勢心惡毒無慈愛主中年破敗南嶽要廣平高闊少年有成傾側則主見破不宜長家北嶽豐闊主富而老榮尖陷末而無成終亦不貴五嶽須要相朝故曰五山朝拱福自天來

看倉庫

倉庫者。仙庫。地庫。食倉。祿倉也。仙庫位人中之兩旁。地庫位地閣之兩旁。食倉位仙庫之左。祿倉位仙庫之右。仙庫豐滿主富。二倉豐滿。祿食有餘。地庫豐滿。可享大年。

觀氣色

色者。飾也。現於外者也。色有一日一變。有數日數十日一變。大抵以久凝者爲實色。庶可以定吉凶。然已凝者爲實色。則必見效驗。然後乃散。既散無復再見也。倘有見了效驗而仍不散者。主事還有復見。故不能驟然散也。細心體驗。乃得而知。

求功名。宜額上黃光。印堂紫色。兩顴明潤。眉中施豔。則利。暗不利。

求子嗣。宜三陽明潤。黃明色在臥蠶。或紫氣在印堂。佳。暗不利。

求財帛宜準頭明潤年壽有光明氣則大財無論黃紫均吉暗
不利
求升遷宜五嶽有紫氣天庭有黃明色或驛馬有黃明色俱主
升遷倘驛馬位暗印堂位暗主降謫色白主丁憂
黃明在驛馬主得財黑主疾病暗主死亡又防水厄盜賊白色
在印在額主孝服
青色在山根主憂在年壽主病青在三陽主水災赤色在山根
主火災膿血赤在兩顴在印主官訟黑在命門在準頭在口主
死黑在天庭主死黑在兩顴主刑子黑在奸門主刑妻黑在三
陽主子死
黃色在天庭主升官黃明在三陽主得貴子黃明在準頭主財
黃色宜黃明黃而不明反生災病

藍、色、滿面主欠、陰、德。有陰、毒、事、見、印、堂、紅、主訟。兩、顴、紅、主是、非。光明四透。無論紫、黃、而明。俱佳、黑、而枯、不利、青、亦然。不必泥青宜春、紅宜夏、白宜秋、黑宜冬、黃宜四季也、看氣色亦宜扣準節令、至緊先看部位吉凶、然後乃看。氣色佳而部位不好。可保救一大半。若部位佳而氣色不好、則終不免刑尅、至如掌色、不論月份、總要紅。黃紫。而光、明、透、亮、者佳也。面色最忌紅。凡火、災、身、災、官、非、口、舌、刑、尅、都有防者。至於面上氣色所主定局。可按月份詳推。

正二月是寅卯。屬木、宜參右耳右顴。次看鼻。鼻乃一相之主。又看額。額乃是天中貴人。姑無論黃明黃光紅明紫氣。清潤俱佳。總以潤者爲貴。暗不利。不必泥春屬木定青色也。餘倣此不復贅。

三月辰、六月未、九月戌、十二月丑。俱屬土。宜先看鼻。姑無論何色。總宜黃光不暗。年壽準頭山根如之則佳。再相顴可也。如火紅靑不利。紫黃而明者亦佳。

四月巳、五月午。屬火。宜看額。次看鼻。總宜紅黃紫色乃佳。餘不利。

七月申、八月酉。屬金。宜看左耳。次看鼻額。若得耳無暗滯。鼻額通明。無論黃紫。而明者乃佳。白而生色亦佳。餘不利。紅防刼財。

十月亥、十一月子。屬水。宜看目唇。宜色鮮紅潤者。鬚宜黑色清潤。再看鼻額。通明者佳。紅在準頭主刼財。紅在年壽主血疾。面帶紅色者主火災。而失財喪身也。

觀頭與項

頭者一身之尊。百骸之長。諸陽之會。五行之宗。居高而圓。象天之德也。其骨欲豐而起。欲峻而凸。皮欲厚。額欲廣。短則欲圓。長則欲方。頂凸者高貴。陷者夭壽。皮薄者主貧賤。頭有肉角者主大貴。右陷者損母。左陷者損父。耳後有骨。名曰壽。骨。起者長年。缺陷者壽夭。太陽穴有骨。名曰扶。桑。骨。又兩耳之上名曰玉。樓。骨。並主富貴。行不欲搖頭。坐不欲垂首。有者皆貧賤之相。詩曰、頂凸頭高骨又堅。爲官享壽自延年。髮疎皮薄皆貧相。父母難爲左右偏。頭前角骨武封侯。腦後連山富貴流。枕骨更生終是福。上尖下短賤人頭。

觀骨與肉

骨節象金石。欲峻不欲橫。欲圓不欲粗。瘦者不宜露骨。(肉不輔骨而骨露、乃多難有禍之人也、)肥者不欲露肉。(肉滿者、沈滯之人也、滿而盛者、死人之相也、)骨與肉相稱。氣與血相應。骨寒而縮者。不貧則夭。(謂背橫而體偏、骨寒而肩縮、大凡物有不全、貧則壽、富則夭、故曰不貧則夭)日角之左。月角之右。有骨直起。為金城骨。位至公卿。印堂有骨上至天庭。名天性骨。從天庭貫頂名伏犀骨。位至公卿。(雖有可骨、亦須其色相稱、方成其器、苟諸位不稱、雖富貴而不堅也、)面上有骨卓起。名顴骨。主權勢。顴骨相連入耳。名玉梁骨。主壽考。自臂至肘為龍骨。象君。欲長而大。自肘至腕名虎骨。象臣。欲短而細。骨欲峻而疎。圓而堅。直而應節。緊而不粗。皆堅實之相也。顴骨入鬢。名驛馬骨。左目上曰日角骨。右目上曰月角骨。骨齊耳為將軍骨。繞日月曰龍角骨。兩溝外曰巨鼇骨。故曰骨不聳兮且不露。又要圓清兼秀氣。骨為陽兮肉為陰。陰不多兮陽不附。若得陰陽骨肉勻。少年不貴終身富。骨聳者夭。骨露者無力。骨輭弱者壽而不樂。骨橫者凶。骨輕者貧賤。骨露者愚俗。骨寒者貧薄。骨圓者有福。骨孤者無親。又曰木骨瘦而青黑色。兩頭粗大多窮厄。水骨兩頭尖。富貴不可言。火骨兩頭粗。無德賤如奴。土骨大而厚。子多而又富。肉骨堅硬。壽而不樂。或有旋生頭角骨者。則享晚年福祿。或旋生頤頷者。則晚年當富。詩曰、骨中骨節細圓長。骨上無筋肉又香。君骨與臣相應輔。不愁無位食天倉。骨粗豈得豐衣食。祿位兼無且莫求。龍虎不須相尅陷。筋纏骨上賤堪憂。

肉所以生血而藏骨。其象猶土生萬物而成萬物者也。豐不欲有餘。瘦不欲不足。有餘則陰勝於陽。不足則陽勝於陰。陰陽相勝。謂一偏之相。骨貴堅而實。直而聳。肉不欲在骨之內。爲陰不足。骨不欲生肉之外。爲陰有餘也。故曰、人肥則氣短。馬肥則氣喘。是以肉不欲多。骨不欲少。暴肥氣喘。速死之兆。肉不欲橫。橫則性剛而傾。肉不欲緩。緩則性柔而滯。肥不欲亂紋露。露滿者近死之兆。肉欲香而暖。色欲白而潤。皮欲細而滑。皆美質也。色昏而枯。皮黑而臭。瘤多如塊。非令相也。若夫神不稱枝幹。筋不束骨。肉不居體。皮不包肉。速死之應。詩曰、貴人肉細滑如苔。紅白光凝富貴來。揣著如綿兼帶暖。一生終是少凶災。肉緊皮粗最有妨。急如綳鼓命難長。黑多紅少終嫌滯。遍體生毛性急剛。欲識貴人公輔相。芝蘭不帶自然香。

辨氣

夫石蘊玉而山輝。沙懷金而川媚。此至精之寶。見乎色而發於形也。夫形者、質也。氣所以充乎質。質因氣而宏。神完則氣寬。神安則氣靜。得失不足以暴其氣。喜怒不足以驚其神。則於德為有容。於量為有度。乃重厚有福之人也。形猶材。有杞梓梗柟荆棘之異。神猶土。所以治材而用其器。聲猶器。聽其聲。然後知其器之美惡。氣猶馬。馳之不可不以其道。君子則善養其材。善治其器。又善御其馬。小人反是。其氣寬可以容物。和可以接物。剛可以制物。清可以表物。正可以理物。不寬則隘。不和則戾。不剛則懦。不清則濁。不正則偏。視其氣之淺深。察其色之躁靜。則君子小人辨矣。氣長而舒。和而不暴。爲福壽之人。氣促不均。暴然見乎色者。爲下賤之人也。醫經以一呼一吸爲一息。凡人一晝夜計一萬三千五百息。今觀人之呼吸。疾徐不同。或急者十息。而遲者尚未七八。而老肥者大疾。幼瘦者差遲。故恐古人之言。猶未盡理。夫氣又呼吸發乎顏表。而爲吉凶之兆。其散如毛髮。其聚如黍米。望之有形。按之無迹。苟不精意以觀之。則禍福無憑也。氣出入無聲。耳不自察。或臥而不喘者。謂之龜息。佳象也。

呼吸氣盈而身動。近死之兆。孟子不顧萬鍾之祿。能養氣者也。爭可欲之利。悻悻然厲其色而暴其氣者。亦何以論哉。詩曰、氣乃形之本。察之見賢愚。小人多急躁。君子則寬舒。暴戾災相及。深沈福有餘。誰知公輔量。虛受若重湖。

辨聲

人之有聲。如鐘鼓之響。器大則聲宏。器小則聲短。神清則氣和。氣和則聲潤。清而圓暢也。神濁則氣促。氣促則聲焦急而輕嘶也。故貴人之聲。多出於丹田之中。與心氣相通。渾然而外達。丹田者。聲之根也。舌端者。聲之表也。夫根深則表重。根淺則表輕。是知聲發於根而見於表也。若清而圓。堅而亮。緩而烈。急而和。長而有力。勇而有節。大如洪鐘騰韻。鼉鼓振音。小如玉水流鳴。琴絃應曲。見其色則晬然而後動。與其言久而後應。皆貴人之相也。小人之言。皆發舌端之上。促急而不達。何則、急而斷。緩而澀。深而滯。淺而躁。大。大則散。散則破。或輕重不均。嘹嘵無節。或睚眦而暴。繁亂而浮。或如破鐘之響。敗鼓之鳴。又如寒鴉哺雛。鵝雁哽咽。或如病猿求侶。孤雁失羣。細如蚯蚓微吟。狂如青蛙夜噪。如犬之吠。如羊之鳴。皆賤薄之相也。男有女聲。單貧賤女有男聲。亦妨害。身大而聲小者凶。乾溼而不齊。謂之羅網聲。大小不相均。謂之雌雄聲。或先遲而後急。或先急而後遲。或聲未至而氣先絕。或心未舉而色先變。皆賤相也。神定於內。氣和於外。然後可以接物而非難。言有先後之序。而色亦不變。苟神不安而意不和。則其言失先後之序。辭色撓矣。此小人之相也。夫人稟五行之形。則氣聲亦配五行之象。故土聲深厚。木聲高唱。火聲焦烈。水聲緩急。金聲和潤。聲輕者斷事無能。聲破者作事無成。聲濁•者謀運不發。聲低•者魯鈍無文。清冷如澗中流水者。極貴。發聲瀏亮。自覺如甕中之響者。主五福全備。詩云、木聲高唱火聲焦。和潤金聲最富饒。土語淺如深甕裏。水聲圓潔韻飄飄。又云、貴人音韻出丹田。氣質喉寬響亦堅。貧賤不離脣舌上。一生奔走不堪言。訣曰、聲本無形。託氣而發。賤者浮濁。貴者清越。太柔則怯。太剛則折。隔山相聞。圓長不缺。斯乃貴人。遠見風節。又曰、身小聲雄。位至三公。身小聲大。壽命折夭。聲如破鑼。田產消磨。聲如火燥。奔波無靠。男兒聲雌。破卻家貲。女人聲雄。夫位不寧。

相心

有心無相。相逐心生。有相無心。相隨心滅。斯言雖簡。實人倫綱領之妙。心又爲五臟之主。宅神形體內。不可得而見也。其可見者。心之外表也。是知心乃神之宮室。玉戶金闕。智慮之所居。心。欲。寬。平。博。厚。不。欲。坑。陷。窄。狹。寬。博。者。智。慮。深。窄。狹。者。愚。知。淺。心頭生毛。其性剛豪。心頭骨凹。其性貪酷。訣曰、心為身主。五宮之先。神為合止。智慮之元。寬博平厚。榮祿高遷。坑陷偏側。貧弱夭年。善則福至。惡則禍纏。凡人之心。常宜坦然。先觀動靜。次見心田。運智藏神。一體之先。相者但能觀外表。內者誰能識其全。寬平榮貴。狹隘無錢。不言不語心機重。發語無私梗直人。最怕笑來嗔怒者。口脣尖薄語非眞。

五星六曜說

五星　左。耳。金。星。　右。耳。木。星。　口。水。星。　額。火。星。　鼻。土。星。

金。星。須要白。官位終須獲。　木。星。須要朝。五福並相饒。　水。星。須要紅。紅者作三公。　火。星。須得方。方者有金章。　土。星。

須要厚。厚者得長壽。

金。木。星。是耳。貴在輪廓分明。紅白色瑩。不拘大小。門闊生得端正。不反不尖。大小一般。高過眉眼。白色如銀。大貴。其人得金木二星照命。發祿定早。尖反側窄。或大或小。主損田宅。破財帛。無學識。

水。星。是口。爲內學堂。須要脣紅方闊。人中深。口齒端正。有文章。爲官食祿。若脣掀齒跁。口角垂。黃氣。主貧賤。

火。星。是額。如額廣闊。髮際高者。有祿位衣食。及子息四五人。其人有藝學。父母尊貴。當生命宮。得火星之力入命。有田宅。壽九十九。如尖陋有多文理者。是陷了火星。乃不貴。早子難成。衣食平常。又不得兄弟力。損妻破財。

土。星。是鼻。須要準頭豐厚。兩孔不露。年上壽上平滿。端正不偏至額。其人土星入命。并滿三分。主有福祿壽。如中嶽土星不正。準頭尖露。更準頭高。是陷了中嶽土星。主貧賤。少家業。心性不直。

六曜　左。目。太。陽。　右。目。太。陰。　山。根。月。孛。　印。堂。紫。氣。　左。眉。羅。睺。　右。眉。計。都。

太。陽。須要光。光者福祿強。　太。陰。須要黑。黑者有官職。　月。孛。須要直。直者得衣食。　紫。氣。須要圓。圓者有高官。　羅。睺。須要長。長者食天祿。　計。都。須要齊。齊者有妻兒。

太。陰。太。陽。是兩。眼。要黑白分明。長細雙分入鬢者。大貴。黑睛多。白睛少。眼有神光。爲得陰陽二星照命。作事俱順。骨肉俱貴。如黑少白多。黃赤色。其人陷了二星。損父母。害妻子。破田宅。多災短命。

月孛星是山根從印堂直下分破者其人當遭月孛照命陷了山根主子孫不吉定多災厄修讀無成破產刑妻尅子紫氣星是印堂下印堂分明無直紋圓如珠主人必貴白色如銀樣主大富貴黃者有衣食如窄不平勻有隱紋者不吉子息二三人不得力無厚祿損田宅

羅計星是兩眉粗黑有彩過目眉連鼻骨主豐衣重祿父母子息蔭貴左右眉相連黃赤更短主為人量淺無志骨肉子息犯惡死

富貴貧賤說

凡富須要身發財自發神來財自來身不發財不來神不來財難發言神相人譬如瘦為木形之格木若有神財必發木若無神壽必傷上等人發財不發身中等人身發財發下等人身雖

發不見財乃一身如土濁肉又不實也故肉長財不來若肉發宜實骨肉兩配方妙如肉多骨少四九不保若體厚肉實骨正神强大富之相凡貴與富大不同只取清爲妙清要清到底不宜一濁此乃概論形局還要看五官六府十二宮一要頭項平二要耳硬三要肩高四要顴高五要睛清六要唇紅七要齒厚八要腰圓九要指長十要髮黑潤此十件俱全還難得貴更有細看處有十清再有十美聲音響先小後大爲一清古人云貴人聲韻出丹田氣實喉寬響又堅身上毛宜細輭爲二清毛髮卽如山林欲潤而清細而輭齒如玉爲三清書云欲食貴人祿須生貴人齒掌紅潤紋如絲指長爲四清耳白色兼紅潤爲五清書云耳白過面朝野聞名髮潤眉黑爲六清髮齊過命門爲七清至瘦血潤不露骨爲八清(此件極貴)至瘦乳硬爲九清臍

深。爲十。清。此十清如得一二可取。有貴之格。十美何說。掌輭如綿兼目秀。自得將拳入口中。爲一。美。主極貴。一身之肉。如玉如珠。爲二。美。主大貴。瘦人頭圓。爲三。美。然不過小貴。耳後肉起。爲四。美。主富貴。陰囊香汗。潤色長明。爲五。美。主大貴超羣。身面黑而掌心白。乃陰內生陽。爲六。美。文武之職大顯。睛清唇紅。爲七。美。主武職。人小聲大。爲八。美。目有夜光。爲九。美。十八生鬚清秀者。爲十。美。早年文職。貧者五官六府三停自然不同。神衰色暗。天偏地削。日月不明。山嶽不朝。河瀆不清。林木不潤。皮土不瑩。血氣不華。俱是貧窮之相。乃天地不正之氣也。賤者又與貧相不同。語言多泛。頭尖額削。日月失陷。星辰不勻。部位不停。長短不配。俱賤相也。

壽夭

壽之說曰、夫壽者骨正堅實。肉血自潤。凡老來最宜眉毫、身毫、壽斑。枕骨陰有紋。緺硬黑堅。若老來唇青暗。主饑死。耳暗三年內死。耳乾枯二年死。少年耳乾暗。主大窮大敗。中年耳枯。主無運。直待明潤。方得亨通。老來耳黑主死。故•金•木•不•可•不•明。項皮乾。主大受窮苦。老來頭皮一乾。即死無疑。黃光生口骨。暗色繞唇青。即死。眉毫於四十外生。有人扶助。五十外亦然。如覲下方不刑尅。若朝上主孤獨。面上六十外生斑。宜黑亮。方有大福大壽。五十內生即死。老來生髮不宜。主尅妻喪子。只主有壽。還看頭皮爲主。夭之說曰、人生天地。不過稟日月精華。得天地秀氣。若有一損。即成夭相。少年垂首。爲天柱傾頽。主死。日月無光即死。常時目小無光。不滿三十之外。頭大頂尖。皮又乾。四九之壽。書云、顏回壽短。皆因神散光浮。太公年高。只爲耳如霜雪。鼻無梁。三九之後。雙目如泥。二十五死。眉如鬭雞。四九難保。羅計月孛交加。三十之年定折。羅計日月交增。三十前後入寺爲僧。不然亦夭。身大聲不響。三十外死。身肥氣不完。四十外死。眼露鼻無梁。三十八殺傷。又云、髮黃如草氣尤粗。不是愚頑定配徒。三十外主凶死。身困血災。頭長眼無神。四九之內死。又云、頭小髮長蹤跡散。髮長頭窄命休量。髮生到耳須饑死。髮捲如螺必有傷。皆天相也。

窮通得失

窮之說曰、六府不停。三停不配。五行不得爲依。一局失垣。星辰失陷。人雖有志。亦不顯達。乃一生蹇滯之相也。通者可原可取。因部位不勻。氣色不配。連年困苦。忽得一位可取。氣色一開。上之有靑雲之志。下之可福澤綿綿。得者因上邊部位不好。下邊卻好。一行到好處。自然得矣。失者乃氣色好。部位不好。書云、氣色定行年休咎。骨格定一世榮枯。凡氣色豈能久乎。此色一去一失。凡部不好。色好亦防有失。

榮枯得失

此四者人皆難全。如天高地翼。土正顴開。乃有榮有得之格。如天停削。而日月明。眉毛秀。少年未必全美。祖父根基又小。至中年三十以外。一路行來方好。再無夭損。如下有虧遷。有一失。復困苦也。書云、天高地薄。初發達中建難成。中正顴高。到中年可成基業。鼻如懸膽。白手興隆。顴削鼻低。一世窮苦到老。

面痣吉凶說

生額中者主富壽。近上者尤極貴。額上有七黑者主大貴。天中主妨父。天庭主妨母。司空主妨父母。印堂當中主貴。兩耳輪主慧。耳內主壽。耳珠主財。眼眩主作賊。山根上主尅害。年壽主兵死。鼻側病苦死。目上窮困多。眉中主富貴。眼上主吉利。鼻頭防刀死。鼻梁主迍蹇。人中求婦易。口側聚財難。口中多酒食。舌上主虛言。唇下多破財。口角主失職。承漿主醉死。左廂主橫失。高廣妨二親。尺陽主客死。輔角主

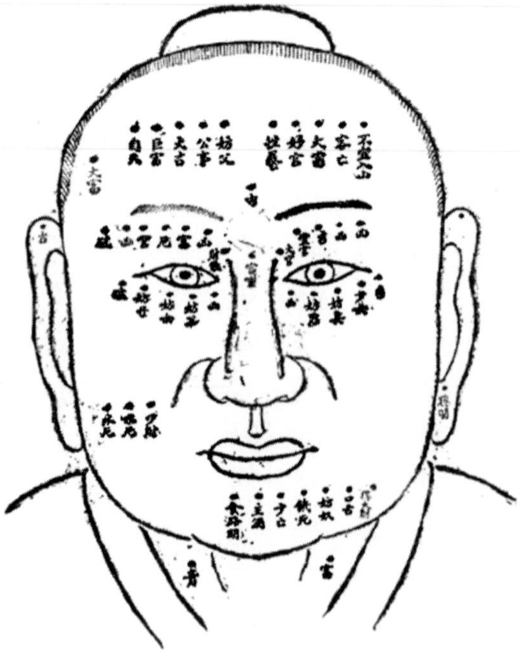

兵死。邊地主外亡。龍角主下貧。山林主虎傷。虎角主軍亡。刼門主箭死。青路主客傷亡。太陽夫婦吉。魚尾防妻難。奸門主妻傷。天井主水亡。林中主淸苦。夫座主喪夫。妻座主喪妻。長男尅長子。中男尅中兒。次男尅次子。金櫃主破財。學堂主無學。命門主火厄。僕從主爲賤。嬰門小使主貧薄。伎堂主尅妻。外宅主無屋。奴婢妨奴婢。坑塹主落崖。陂池主溺水。下墓主尅亡。三陽損男兒。三陰損女子。盜部主奸竊。兩廚主乏食。祖宅主移屋。大海主水厄。年上主貧困。地閣少田莊。

相兒法

兒初生。叫聲連延相屬者壽。　聲絕而復揚急者。不壽。　啼聲散者。不成人。　啼聲深者。不成人。　臍中無血者好。　臍小者不壽。　通身輭弱如無骨者。不壽。　鮮白長大者壽。　自開目者。不成人。　目視不正數動者。大非佳。　汗血者多厄不壽。
汗不流。不成人。　小便凝如脂膏。不成人。　頭四破。不成人。
常搖手足者。不成人。　早坐早行早齒早語。皆惡性。非佳人。
頭毛不周匝者。不成人。　髮稀少者。不成人。　額上有旋毛者。
早貴。妨父母。　兒生枕骨不成者。能言語而死。　尻骨不成者。
能踞而死。　掌骨不成者。能匍匐而死。　踵骨不成者。能行而
死。　臏骨不成者。能立而死。　身不收者死。　魚口者死。　股
間無生肉者死。　頤下破者死。　陰不起者死。　陰囊下白者
死。赤者死。　卵縫通達黑者壽。　兒小時識悟通敏過人者。多
夭。　小兒骨法成就威儀迴轉遲舒者壽。　小兒預知人意迴
旋敏速者夭。

相法易知終

相法易知下編目次

相女編

相法易知

相法易知 下編

相女編

相女總訣

凡相婦女骨法峭峻神氣威嚴持重而少媚五嶽寬大行動快如流水聲音如玉在石璞大貴之相也五嶽端厚骨氣磊落神色溫和觀視不凡者次貴之相也若醜面蓬頭蛇行雀躍豕視龜胸眉反聲雄髭脣臀高以上十惡有之則爲貧賤孤淫之相也

女相止取五件爲用性定終身成敗眉管壽算鼻主夫星口乃子星眼定貴賤鼻準圓正夫星必透若要收成子貴還須唇紅齒瑩子息成名必定龍睛鳳眼旺夫起創還看一面無虧六削

三尖豈能興家立業面如瑩玉何愁不產麒麟興家之婦定是三停得配享福之人必然額正眉清面大無腮血旺無氣休言福德血和氣深眼中深秀必產貴兒眼大鼻小豈是旺夫之女目正神清可配良人之妻

定格局

婦人威儀厚重燕語聲和耳厚白額圓鬢烏潤懷若抱子眉削項長目神澄清視端嬌媚人中分明腮顴隱隱平平懸壁端正唇紅齒白骨肉相輔手纖鼻狹峻直此女中至貴之格也耳漫唇厚手掌紅潤懸壁正目美性寬腮滿額闊人中長食倉滿蠶囊平四倉俱滿蘭尉分明井竈平廚匱滿酒池平地閣闊鵝鴨豐玉霞明此女中至富之格也口撮如吹火鼻凹目露蛇行雄聲體冷齒尖腰削乳高胸凹眼露顴聳腰直聲重而破龍唇鳳

口、頰、高、神、淺。人、中、斷。手、粗、指、短。上、有、天、角。此女中之至。賤、也。瞻、視、分、明。剛、柔、有、力。顴、壽、隱、顯、有、勢。法、令、深。目、神、澄。黑、白、分、明。目、不、斜、視。嬌、而、有、威。媚、而、有、態。行、緩、步、輕。身、正、性、柔。耳、厚、額、圓。鼻、直。髮、疎、潤、而、有、光。聲、清、嚴、而、不、散。此女中之至。貞、也。反、顧、蛇、行、雀、躍、耳、反。羊、目、神、薄。嬌、而、無、威。媚、而、不、態。剛、中、柔。五、官、不、定。犯、日、角、天、角、龍、角。神、流、口、闊、舌、長。笑、而、不、定。掀、唇、撮、口。眉、如、偃、月。聲、浮、氣、淺。此女中之至輕、浮。淫。賤。也。口、高、唇、露。聲、散、髮、黃。人、中、蹇。鼻、促。下、唇、進、前。耳、窄。鼻、曲。竅、露、目、深。鼻、有、節、骨、橫。面、黑、黃、髮、粗、澀。體、硬、無、媚。聲、破、無、韻。項、短、面、促。此女中之至。惡、也。二、顴、面。眉、厚。硬、稜、高、下。唇、過、上。鼻、準、大。耳、窄。頭、如、立、卵。額、窄、削。目、長、無、蓋。聲、雄。面、黑、如、蠅、雀、斑、滿、面。唇、髭、羊、目。眼、三、角。鼻、鉤、紋、山、根、斷。此女中之至。孤。也。頰、擁、肉、滿。壽、帶、長。人、中、深。項、顴、有、力。目、神、澄。

黑白分明。語聲輕細圓實。法令過口。項有雙條。腹垂皮寬。耳慢年壽高。此女中至壽之格也。蠅面頰高。聲雄。眉壓目。人中短目壓面。耳窄。雙紋橫亙於面。目神怒。低頭斜視。睛大無光。六合不蓋。口尖齒露。犯絲索之氣。口邊黑。此女中之至夭也。

審血氣

男以精神富貴。女以血氣榮華。凡女人以血為主。皮乃血之處。血乃皮之本。看皮色可知血衰血旺。皮明血則潤。皮紅血則枯。皮黃血則濁。皮赤血則衰。皮白血則滯。濁則賤。衰則淫。滯則夭。枯則亡。故血宜鮮明。表裏明潤。可為貴人之婦。可為貴人之母。又髮乃血之餘。不宜疎薄黃短。以青黑為貴。長為賢。書云。髮青之女貴榮高。長潤生兒定富饒。若是旋螺並面薄。貧賤妨夫殺子苗是也。

論女德

三停平等。五嶽朝歸。頭皮寬厚。豐頷重頤。圓背厚脊。腹大近下。坐如釘石。聲圓而清。胸闊眉圓。面如同字。聲似金鐘。背闊胸平。嫺大不垂。骨勻肉實。面黑身白。聲響神清。口似含蓮。手如乾薑。指如春筍。齒如榴子。面正骨開。眉如新月。鬢薄而黑。骨肉相稱。芝蘭不帶。自然馨香。此爲德相。最可貴也。

觀善惡

頭圓額平爲一善（有福）骨細皮滑爲二善（生貴子）唇紅齒白爲三善（生貴子）眼長眉秀爲四善（貴且壽）指尖掌厚紋細如亂絲爲五善（旺夫）聲清如水爲六善（貴）笑不露齒爲七善（生好子）行步徐緩坐臥端靜爲八善（生好子）神氣清和皮膚細潤爲九善（慈善）醜面生顴

爲一惡（尅夫）結喉露齒爲二惡（招是非）蓬頭亂髮爲三惡（貧）蛇行鼠步爲四惡（賤且貧）眉連粗重爲五惡（無靠傍）鼻下鉤紋爲六惡（尅子多病）羊目四白爲七惡（陰毒）雄聲焦烈爲八惡（剛暴）生髭黑子爲九惡（愚頑）女人之相但有一惡難作善相又云鼻小頭低不作正妻縱有衣糧不入正房額骨成峯必尅丈夫額高眼垂初婚便離腰小眉輕是非時生見人如常心定高强行不動塵貞潔賢人溫厚和同祿位相逢整眉掠衣常多是非

辨貴賤

態而無豔終須貴懿德昭然性自淳豔而無態何須道此是尋常賤婦人兩目如羊更拗胸雀行鴨步又聲雄生髭龜背喉嚨結魚尾交紋總是凶見人掩口笑不休等閒無事皺眉頭有時

倚物閒來立。定是隨人走外州。婦人因與人談話。整襟弄袖又低頭。欲識人閒女子事。私情如海又如油。婦人眼下肉常枯。不殺三夫定四夫。見人未語先嬉笑。愛逐行人走遠途。婦人身體何不吉。額高耳大聲如泣。雌雄更似男人面。至老孤單獨自棲。殺夫只爲三拗面。口闊額高眼又深。借問如何三度嫁。卻因女作丈夫聲。兩目之下黑而枯。必定尅子又妨夫。靑黃若見方爲吉。赤黑難逃產難虞。要識婦人眞貴處。無非齒白與唇紅。若還尖齒兼唇黑。獨自聲容總是空。上唇過下必多詐。下唇過上亦妨夫。要識唇齒不相蓋。產難還憂無可圖。婦人唇紫甚非良。須知妨子及夫郎。左邊紫黑來侵口。入耳須教七日亡。右邊靑色來侵口。當知孕者是男兒。若還左右知生女。依此詳觀定不疑。目尾近上及奸門。貴賤宜於此處論。因甚最多淫慾事。都緣繞口色皆青。更兼鼻上生雙靨。此必同人私與情。右耳厚時先產女。左耳厚時必生男。仰天鼻孔因何事。只是貪淫酒色酣。人中黑色貞爲貴。必主一生自欽畏。人中兩曲非良婦。至老心中也好淫。女人若是男人相。淫亂芳心必有名。誰知人中雙黑子。婦人有者必雙生。婦人額窄眞爲害。額上横紋夫更妨。眉中黑子夫遭害。眉裏三紋再嫁郎。坐時搖膝無休歇。行則回頭反看人。淫亂此生無所託。一生不免在風塵。額上左邊生黑子。須防恐死在刀兵。臀高胸突眞奴婢。此相何如定有名。女人身相細兼全。眼長鼻直口如蓮。三才第一常美闊。定招富貴嫁英賢。良婦有威而無媚。娼妓有媚而無威。令人一見心生侮。所以生身在賤微。形骨雖奇安可恃。亦須修身與立義。心形相稱福有根。不在天機在人事。夢中若與公卿合。穩上青雲萬丈梯。休說形粗必招禍。但行忠孝福相隨。

判壽夭

女人壽夭不同。在於血之旺衰。血旺則壽。血衰則夭。男人以神爲主。女人以血爲主。凡男人血衰則病多。血旺則病少。男人且然。而況女人。血之旺衰。如何見得。則看皮色。可知皮白則血滯。皮紅則血枯。皆是夭相。皮薄皮急。氣短神粗。血衰枯滯。豈能長壽。神足血足。皮厚皮寬。肉實骨正。自是福壽之婦。詩曰、血衰皮急命難全。皮薄枯乾壽不堅。若是皮寬並血旺。松筠福壽自然添。書曰、婦女天中有紫色常見者。壽長且貴。

觀旺敗

凡觀女相。先觀鼻準。鼻主夫星。可知旺敗。鼻準圓正者興旺。鼻小面斑者淫亂。書曰、豈有準圓孀婦。那見獳嘴貴人。又曰、旺夫

之女背厚肩圓尅夫之妻顴高鼻小睛高鼻正總是旺夫土正神清且能發福準圓血潤必主興家準小梁低出嫁破敗

斷刑尅

婦女之相忌面上生顴顴高主尅夫兩顴隱隱平平乃爲好相其他以聲清眼長脣紅眉秀爲善若有一反卽是刑尅之相書曰顴骨若高定殺三夫女人雄聲妨害良人羊目四白外夫入宅口過上脣妨夫是眞女脣若紫親夫早死女人額高三嫁不半頭橫紋理三嫁不已女子逆眉三嫁不移又曰額窄又交眉脣高齒不齊面粗身鐵硬體弱更無威耳小垂珠淺拳眉鼻骨低哭聲須再嫁男面必妨兒淫紋生眼角嫉妬更妖奇莫言時下富晚歲更悽悽此貧相孤薄相亦刑尅相也詩曰欲與嬌娥想玉容豎紋直上在天中定知此相多妨害再嫁兒郎方始終

額上微生二豎紋本來凶惡不堪論莫言一嫁能終始及當再嫁又離分眼下橫紋主剋夫人中橫理必爲奴山根黑子人孤獨嫁與兒夫有若無女人捲髮不相宜行路昂頭一字眉鼻上赤紋侵紫氣刑夫未了又刑兒此尤其凶相也

決婚姻

童子取氣旺童女取氣藏男子取目秀女子取眉清古云眉者媚也女子眉細有彩又目長有威可許貴郎書云鳳眉鳳頸兼鳳目女人可許配君王少女以肩圓背厚爲貴髮黑爲貴項長爲貴髮不配項則是賤相故曰項短髮長必定三郎閨女滿面瑩玉不出一年可論婚姻必然大遂心志命宮紫貫準色黃明主得貴人爲夫將出嫁時若紫色發現印堂決然興旺夫家多生貴子決爲福壽之人色明潤爲中色黃光爲下色（黃必要

明、黃而不明、雖黃無取、）不旺夫。不益子。白色滿面爲敗色。嫁卽刑傷。出嫁臨期觀察氣色。可定一生貴賤。若色多暗滯。三旬方配夫君。不宜早論婚姻。以防刑尅。訣曰、龍宮魚尾紅黃紫。納采成婚貌亦妍。或暗或明青與黑。時聞爭競不堪言。蠶下黃光臥隱明。貴人欲娶女爲婚。爲妻必是多賢德。生子登科入帝闕。

相妊娠

凡婦人臨產之前。一要命門紅紫。二要雙眼光彩。三要耳有白光。四要聲音淸亮。方能順便而生。可爲母喜。生子亦利益成人。一忌命宮天庭起暗色。二忌面多青光。耳暗如濛。三忌唇青口角暗。四忌音啞眼無神。但犯一件。卽有產厄。幸只生女。至臨盆日看左右手中可明。若內血紅潤。掌心亦然。紅如水者立產得男。白靑主女。暗黑二色若重。恐難產有損害。黃光重。全母不全

子白光只全子暗黑青黃者子母難全

觀產婦容顏以定臨盆功期印堂明主丙丁日乃火旺也必生男準頭明主戊己日必生男水星明主壬癸日必生女雙顴明主甲乙日必生男天倉下庫明主庚辛日生女難產是男不妨

凡面上俱暗色不開尙未到其期只待何處明方許臨盆忽然一明復一暗必死無疑凡婦人臨產時看右手心紅在乾宮貴子紅若坎宮富子又好養也在掌心紅潤爲明堂必生福壽之男若是青色必產破家之裔再青再暗未免難產

子在母腹未出胎可先知男女貴賤此言腹中之妊三陽火旺必主涎男紅色也三陰木多定該生女青色也凡男抱母女背母或上或下爲夭胎或左或右爲壽胎貴胎動必停勻自無毒病賤者腹內多動母常有病相經云唇紅無產難臨產定安靜

唇白得病。唇青卽死。大概貴者胎自安。賤者胎亂動。壽者母必安。夭者母多病。壽者母唇紅。夭者母印白。貴者母唇光。賤者母神散。

女人面赤黑。定知有產厄。唇齒不能蓋。產中多事故。女人面上黃。懷孕必安康。左掌青紅男。右掌青紅女。明豔生產易。枯槁難生育。左腳先動男。右腳先動女。回顧分左右。三陽青色子。如若三陰紅。又決是生女。女人過於肥者主無子。過於瘦者主刑尅。過於高者主刑尅。眼露唇掀齒露主產厄。掌中震位黑皆然。

論胸與乳

胸者百神之掖庭。萬機之枕府。宮庭平廣則神安而氣和。府庫傾陷則智淺而量小。平正而廣闊者富貴。凹凸而狹薄者貧賤。男昂則愚。女昂則淫。故胸貴平而長闊而厚。乃爲智高福祿之人若夫突而短狹而陷者則是神露貧薄之人胸能覆身者富貴胸短於面者孤窮男女一理也乳則據胸部之左右道血脈之英華乃哺養子息之宮爲辨別貴賤之表乳欲開而闊紅而黑大而正不可狹而白曲而細乳頭大而黑者賢能而多子乳頭小而白者懦弱而絕嗣乳頭狹者多貧賤乳頭曲者難養兒乳頭仰者子如玉乳頭低者兒如泥乳頭壯而方大壽且福乳頭白而兼黃賤乏嗣紫如爛葚貴多子孫細如懸針財無一分薄而無肉衣食不足實而有肉財帛豐隆乳邊有黑痣者主生貴子蓋乳爲後裔根苗故可判斷子息所宜黑大方正圓仰堅硬小者子少艱生育大者子多且富貴

論腹與臍

腹爲水穀之海臍爲筋脈之源腹者身之爐冶所以包腸胃而

化萬物者也。欲圓而長。厚而堅。勢欲垂而下。皮欲腴而清。故曰腹圓向下。富貴壽長。腹墜而垂。智合天機。腹象陰而藏物。勢欲向下。萬物得其所聚。此所以爲貴也。腹近上者。賤而愚。腹上而短。飯不滿碗。皮厚者少病而且貴。皮薄者多病而又賤。腹貴乎垂而向下。臍貴乎深而朝上。臍爲筋脈之舍。六腑總領之關也。深闊朝上者。智而有福。淺窄朝下者。愚而貧。薄低者。思慮遠高者。無識量。凸而出露而小者。皆非善相。男人臍淺無衣祿。女人臍淺難生育。腰偏臍陷者淫邪。臍下生毛者淫賤。臍畔有黑痣者富貴。

論腰與臀

女人蠻腰一捻。娉娉嬝嬝。但得其體態之輕盈。以論乎相。無子而賤。大非所取。蓋腰細者體必輕。體輕者身必弱。夫腰。爲腹之

常相之外也夫女人切記看乳臍陰戶以辨子孫貴賤乳貴大而仰上臍貴深而朝上前已言之矣陰戶亦以前上爲佳後下者賤前上者生子賢且貴後下者淫賤無子嗣輭者貴硬者賤寬者多淫太者不育陰毛以黃而輭者爲貴如葦者賤硬者賤生早者夭生遲者淫三七之內生方妙長者貴然長而直而黑乃奸殺之婦雖貴亦凶漢呂太后陰毛長一尺八寸根根黃如金色拳縮不垂用手扯開其長過膝放手復拳陰上名爲金絲纏陰故主大貴亦主多淫也無毛者賤皮光者淫

柳莊乾坤賦（專論女相）

象曰乾道成男坤道成女陰陽有別剛柔有體故女相與男相不同女相以柔爲本以剛爲形以清爲貴以濁爲賤印堂色正助良人發福興家目秀藏神得貴子成名立業鼻如懸膽雲鬢

常相之外也夫女人切記看乳臍陰戶以辨子孫貴賤乳貴大而仰上臍貴深而朝上前已言之矣陰戶亦以前上爲佳後下者賤前上者生子賢且貴後下者淫賤無子嗣輭者貴硬者賤寬者多淫太者不育陰毛以黃而輭者爲貴如草者賤硬者賤生早者夭生遲者淫三七之內生方妙長者貴然長而直而黑乃奸殺之婦雖貴亦凶漢呂太后陰毛長一尺八寸根根黃如金色拳縮不垂用手扯開其長過膝放手復拳陰上名爲金絲纏陰故主大貴亦主多淫也無毛者賤皮光者淫

柳莊乾坤賦（專論女相）

象曰乾道成男坤道成女陰陽有別剛柔有體故女相與男相不同女相以柔爲本以剛爲形以清爲貴以濁爲賤印堂色正助良人發福興家目秀藏神得貴子成名立業鼻如懸膽雲鬢

雙鬟擁金冠面顴獨高尅子刑夫多性躁睛黃髮赤三十成婚
肩聳肩寒幼年貧賤堆金積玉多因門竈寬舒衣錦藏珠祗爲
面圓方正女面大概顴高不榮額削不貴面金面凹蘭房獨守
色若鮮明必產英豪印堂血噀可產及第之男掌若長紅當有
大官之子顏清貌秀可爲孀婦守閨門血潤色紅到底難言通
貞節鳳目腮圓額正可爲極品夫人天陷地削顴橫下賤不堪
言論楊妃好色皆因眼露光浮謝女才高只爲血和明潤綠珠
身墜樓前可恨印堂一陷武氏爲尼遇寵實乃面圓唇珠御英
力破天門十六腰圓四尺昭君北番身殞小口額暗牙尖吳夫
人產二英臍內深藏彈子買臣妻大不貴闊口身橫細腰何故
女人爲將腰圓目大眉橫何故旺夫生子準明印闊唇紅半世
不能婚配色暗聲躁神粗一生福祿多淫光浮色瑩日月一雙

好，目。天，然，性，格，聰，明。兩，道。弓，眉。自，有，賢，良，作，配。指，如，春，筍。皮，香，玉，潤，配，王，侯。面，若，浮，光。皮，膚，衰，薄，須，淫，賤。聲，如，奏，樂，韻，悠，揚。終，須，富，貴。容，若，示，嚴，多，溫，雅。必，定，夫，榮。窮，人，之，婦。何，曾，血，潤，光，瑩。富，室，之，妻。定，是，臍，深，腹，厚。臀，寬，腹，大。何，曾，無，子，無，孫。唇，薄，皮，乾。朝，夕，開，口，開，舌。乳，頭，黑。肚，臍，深。生，子，必，貴。乳，頭，小。肚，臍，淺。子，俗，無，能。總之，旺，夫，益，子。印，明，血，色，光，華。尅，子，喪，夫。準，暗，印，多，紋，理。眼，大，顴，高。夫，權，必，奪，自，當，家。髮，生，分，角。喪，子，刑，夫，還，破，財。骨，粗，肉，硬。喪，夫，淫，破，定，無，疑。內，助，能，賢。須，要，唇，紅，並，眼，秀。搖，頭，擺，手。身，輕，腳，重，下，流，人。語，言，和，潤。持，家，整，內，不，須，言。觀此可定女相。何必務外而求。

達摩女相要訣句解

火焰上炎。未笄而寡。謂星，火，太，上。髮，際，高，也。

水滿流溢。垂老

而單。謂溝洫平滿。必無子也。

日月高懸。臨太陰而孀慘。謂日月角高起。必尅夫。應在三十六八之部。

林塚茂實。居中正而龍騰。謂山林塚墓滿起。必得貴夫。應在中正之部。

印庭火土常明。相夫登第。火土紅黃之色也。

堂舍水木交錯。任意招夫。謂水木青黑之色。交錯於淚堂精舍之部。必淫。

耳輪反覆而高提。妨夫不一。且反輪高。刑傷再嫁。

眉梢斜散而橫掃。破產非常。眉逆毛粗。貧窮孤苦。

奸門不陷。多子且賢。奸門豐滿。生子清高。

淚堂肉安。多女而貴。淚堂渾厚。主有貴女。

求子問妾。定須清穩。而年壽不隆。謂清癯之女。骨勝於肉。則氣血清明。必能有子。加以行藏安穩鼻不過高。子必多矣。年壽太高者。尅夫妨子。

婁婦問德。只要澁默而髮膚馨潤。澁者。羞也。知恥慎重也。默者。不多言也。體香髮潤。德之潤身也。

項強胸突。淩夫

尅子而無終。頭硬胸高。妬相也。不止尅子。已亦不壽。或貧且寡。

目弱指堅。旺子順夫而長永。弱者。眼正而光不外射也。指要堅而削肉少。

陰地不封不樹。無子而有私。謂下部無毛。賤相也。

陽方向西向中。有祿而無妬。陽方。面也。女色以白爲上。而必欲帶黃潤爲貴。是爲有德之女。夫貴而子亦貴。深白淺紅。淫妬之婦也。

沈睛蕩足。掠鬢支頤。夢中驚有私語。沈睛。定睛而若有所思也。蕩足。搖足而不安定也。頻頻以指掠髮。時時以手託腮。四者皆淫相。睡夢之中。驚動言語。必非良婦。

聲清色定。笑寡步安。喜處凝無變態。凝無變態。喜怒不改常也。

五者皆賢女也。

得意則向人顛倒。豈是貞良。遇可喜事。故意舞蹈。大非良相。

失意則向人懊怒。終非久遠。偶不如意。心多懊喪。遷怒他人。孤貧不壽。

眉頭上指印空。毒皴自罹法網。眉頭向上直

指印堂司空者。必毒夫煞妾而自犯刑。且多縊死。

顴準高陵年壽。妬兇獨守孤孀。兩顴準頭高於年壽者。多寡。

有德當於不忽。不安排時而舉動如常者。有德。

衍嗣全在不貪。寡嗜慾。而清健者。必多子。

柳莊祕傳口訣摘要

男女睛黃。性多躁急。再露者犯刑名。

女人髮深。多好色。男人亦同。

女人有結喉者。犯刑尅。

男女卷髮。犯刑好色。髮黃者下流。

女耳無稜額削骨粗。二者多主爲妾。

婦人仰面多有奸淫。

面大婦人多不孝。睛圓女子必妨夫。

女人汗多主一生勞苦。無汗無子。汗香子貴。汗濁子賤。

女人顴骨高於眼角上者。主刑夫。

女顴高大。手骨粗。能作生涯。

男眼中有痣聽明。女眼中有痣淫亂。

女人唇白得病。唇青卽死。

婦人唇白。

十無一子。老來頭乾。十無一生。男人老不落髮主勞碌。女人老不落髮主大壽。女人下唇包上。一生口舌到老。上唇包下。爲雷公嘴。主無子而又不賢。女人開聲無韻主賤。男人開聲無韻主貧。男子髮粗。多犯刑名。女人髮粗。刑夫尅子。女人掌上有深紋。方言有子。女人手起節骨。一世辛勤多主賤。女人頭圓。主生好子。女無指甲。一生下愚。臍下生毛。淫賤。周心有赤脈。女主貴。男主富。腰腹起一筋。横主貴。直主貧。青爲次。赤爲貴。男女俱宜横忌直。女面不宜有痣。獨天倉生。應主生四子。女入齒朝外主刑傷。朝內主孤孀。女人面黑身白賤。面斑身青賤。女相瘦人唇紅。生子成羣。瘦人唇白。壽元短促。黃面婦人多好色。唇青唇白決無兒。手指足指如蛇頭鴉嘴鷹嘴。主一生奸狡孤獨。並主刑傷父母。婦生兒牙主刑夫尅子。男人主尅子尅妻。一生貧賤。女人鴨脚。多是姨婆。男人鴨脚。一生下愚。男人臍淺。定無衣祿。女人臍淺。決不生子。女人看乳臍陰戶以辨子孫貴賤。陰戶前上者佳。後下者不如。毛亂生臍者不如。男女中年項髮落。老來最苦。髮生絨毛者。男女俱主困窮。指甲朝外主孤寡。

柳莊永樂問答摘錄

宮中欲得一方面之妃配朕。再無。何說。對曰婦人貴在眉目肩背。子在肚腹乳臍。凡面方者爲虎面。多犯殺星。豈能入宮爲貴人。龍顏鳳頸。必配君王。婦人之形。如鳳面圓長。上下配。眉弓高。目細秀。項圓長。肩背平。此乃眞貴人也。但得一二件可取。雖不入宮闈。亦民間夫人耳。選妃用綿衣厚穿。令女走出汗來。此是何說。對曰。非令女出汗。欲知其體香若何。凡女人身體香。方得大吉。

吳尚書母極陋。生二子如泮潼。是出何相。對曰面雖陋。眼若星。脣若硃子乃臍腹所載。豈在面貌。必是臍厚腹厚腰正體直眼正神安。人若見之。俱有懼色。凡婦人威嚴者。多生貴子。非面之福。乃五臟六腑寬洪秀麗也。後永樂封為錦臟夫人。又云眼秀脣紅。當為二國之封。詩云。面陋脣紅眼若星。威儀嚴重世人驚。雖然未得為君后。二國褒封拜聖明。

宮中之女多不生子何說。對曰。古人言美女無肩。將軍無項。肩太垂而身太弱。腰太細而體太輕。氣不深而色太豔。眼無威而神太媚。非厚福相。何得生子。

得妻發福者何說。對曰。書言奸門如鏡。因妻致富成家。鼻準豐隆。招妻多能賢德。得妻發福。準頭魚尾明潤。多得妻財。印堂紫氣如蠶。又云黿頭小白。妻妾賢能。又云女人印潤眉清。出嫁旺夫益子。面平脣紫。生成福祿滔滔。此說非惟男相而能因妻致富。亦因女相旺夫。方爲兩合。得妻財而反窮苦何說。對曰、招妻破敗。只因廚竈兩空虛。娶婦破家。多爲奸門容一指。（陷也）形局若惡。招妻之後亡家。魚尾多紋。一世窮苦到老。骨肉磊落。一生長得妻賢。女若鼻低。出嫁夫家大敗。男生斑點。招妻喪命亡家。男若該死。女不犯刑。可得全其性命。短命男兒。自有妨夫之妻。女相不良。自是尅夫之相。書曰、鼻若梁低神氣少。定是刑夫之婦。（神少梁低、豈能長壽、）顴高額廣口如吹。必招短壽之夫。（顴高額廣、必定刑夫、）夫相窮。妻相富。不知可得身榮。妻相薄。夫相貴。不知可能得配。對曰、書云、夫從妻貴。妻從夫榮。此一理也。夫相不如妻相富。可賴全身。所謂一家之福。在於一人。故世人擇夫者多。擇妻者更多。夫壽乃先天生定。而富貴實有可以託賴之理矣。面相好而心田壞。是看何處。對曰、書云、眼乃心之苗。眼善心善。眼惡心惡。眼秀心秀。此不過見人賢愚善惡。難辨德行心田。要看心田。除是陰騭宮。臥蠶下三分爲陰騭宮。爲人心好此處平。爲人心善此處滿。心壞此處深。陰毒害人此處青。若起青筋紅。筋紅脹非良人也。女人若深陷青暗。不敬公婆。不和鄉里多亂多貪。不出好子。不得成家。若此處豐滿。主有貴子。大益家道。壽命延長。男人若滿。書云、陰騭肉滿。福至心靈。爲人有智慧。曾行陰騭救人。上起蠶紋爲陰德紋。永保子孫福壽綿長

凡男女無兒。莫非全犯不然、豈二人俱無子息。對曰、書云、男相有兒女相無除非娶妾紹宗支。女相有兒男不立。雙雙到老恐無兒。若行陰騭救生等事。挽回造化。亦產麟兒。

有見子傷夫。有見子傷妻者。何說。對曰、書云、見子傷妻。魚尾紋通天庫。兒成妻喪。奸門見有黃光紋

通天庫。主見子刑妻。奸門紋生。主尅妻。有黃光主有好子。書云、見子傷妻。顴高睛陷印堂平。撫子守節。鼻弱梁低唇似火。凡婦人顴高眼凹。豈不傷夫。印堂平者。主有子。鼻乃夫星。一陷定刑。唇紅必主有子。又云、婦人睛赤。見子刑夫。男子睛黃。刑妻尅子。又云、尅妻生子。臥蠶血潤魚尾青。尅子存妻。奸門明潤臥蠶弱。

出胎傷父。又主刑娘。何說。對曰、小兒髮低。必傷父。日月旋螺。定傷母。又云、寒毛生角。又失雙親。眉毛螺旋定主刑母。刑父者。頭偏額削妨母者。眼陷眉交。胎毛黃。恐防難養。胎毛黑。恐有刑傷。詩云、額削頭偏日月垂。又刑父母又災危。眉交眼陷山根斷。乃是人間破敗兒。

婦人面戴殺星。傷夫尅子。不知何如是殺。對曰、女人相有七殺。此乃洞賓所傳。屢屢見有效驗。美婦黃睛。爲一殺。面大口小爲二殺。鼻上生紋爲三殺。耳反無輪爲四殺。

極美面如銀色爲五殺髮黑無眉爲六殺睛大眉粗爲七殺如五官俱好一面無虧犯此亦主刑夫詩曰色若桃花面若銀誰知美相反生嗔刑夫害子無成日只好花街柳巷行

婦人以嚴爲主何以爲嚴對曰凡婦人安莊恭敬爲嚴形體端正爲威作事周正令人一見皆有懼色坐立不偏語言不泛寬大胸襟溫和顏貌聞樂不喜聞難不憂乃人聞之貴婦生子既貴且賢詩云體正無偏坐立平威嚴一見世人驚行藏舉止胸襟大養子須當拜聖明若是行動輕浮多言空說心胸鄙陋喜怒無常決非有福之相定是孤苦之人

八字訣

敬 一見可敬者貴壽而多男也

有威有媚有態精神端肅聲音和諧坐視平正得純相之氣故也

重 一見可重者。貞潔而福澤也。精神肅穆。舉止端莊。腰圓背厚。面方胸闊。聲清重頤。言語溫柔雅淡。肅然有不可犯者。

喜 一見可喜者。邪蕩而易誘也。多風流媚態。令人有所思也。

輕 一見可輕者貧薄而賤妖也。行若蛇。坐若斜。語癡笑。意情奢。

畏 一見可畏者。剛強而欺心也。聲殺面橫。額闊顴高。雀步蛇睛。似男子氣象。

恐 一見可恐者。刑尅而惡極也。二顴高。丈夫聲。蜂目狼顧。

惡 一見可惡者。醜陋怪臭硬也。醜者。蠅面龜胸。唇掀齒露。眼白多。鼻孔仰。行如奔走。聲音嘶破。此之謂醜也。陋者。擺手搖頭。咬指斜行。仰面偏顴。衣不稱體。此之謂陋。怪者顴高眼深。髮短指齊。目凹唇鬚。臭者。身臭口臭陰臭狐臭硬者。骨硬心腸硬聲音硬。此必男轉女身。

駭

一見可駭。者。螺紋鼓角脈也。詳見上論下體條。

十賤歌

斜倚門兒立。人來側目垂。託腮並咬指。無故整衣衫。
坐立頻搖腿。無人唱曲詞。推窗與撥牖。停針不語時。
未言先欲笑。決定與人私。

女人七賢（主夫明子秀）

行步周正。面圓體厚。五官俱正。三停皆配。容貌嚴整。
不泛言語。坐眠俱正。

女人四德（主生貴子）

平素不與人競爭。苦難中無怨言。節飲食。聞事不驚喜。能尊敬。

女人二十四忌（犯者貧賤之相）

頭忌尖削。髮忌黃濁。耳忌反復。眉忌尾垂。目忌黃光。

鼻忌尖陷。嘴忌尖凸。齒忌白小。顴忌高聳。口忌尖偏。

項忌粗短。髮忌命門。背大忌陷。胸大忌高。乳忌白小。

臍忌低淺。腰忌偏斜。腿忌多筋。肉忌虛浮。血忌赤暗。

骨忌粗硬。聲忌洪大。面忌如仰。色忌光浮。

女人二十四孤（犯者貧苦之相夫星子息難言）

無眉不立（不生子也）聲破不立。三十前發。雙目深陷。

鼻陷深低。雷公吹火。臍小淺凸。股肱無包。髮不滿尺。

腰圓三圍。乳頭不起。肉浮血滯。肉重如泥。一面滯色。

皮薄骨細。肉多骨少。三陽如墨。無腹無臀。有顴無腮。
地大天小。聲類男人。面尖耳小。唇白舌青。（犯此必病、）陰陽混雜。（眼乃子宮、不可黑白不分、）

女人三十六刑（若犯一件必損夫子）

黃髮拳髮。睛赤睛黃。獨顴生面。額有旋螺。額高面陷。
額有紋痕。印有懸針。少年落髮。骨硬皮急。面長口大。
面瘦生筋。面生三角。耳反無輪。面尖腰窄。面滯如泥。
山根低陷。地閣偏斜。項露角節。聲大如雷。性急如火。
神濁氣粗。天大地小。白氣如粉。年壽起節。肉冷如冰。
粗骨大手。肩背偏斜。眼大眼圓。結喉齒大。髮硬骨硬。
夜睡多呼。嘴如吹火。鼻內生毛。骨起腮高。命門骨高。
面如雲母。（色如粉也、）

女人七十二賤（若犯一件必有私淫）

兩眼浮光。桃花之面。皮白如粉。血不華色。肉輭如綿。
皮滑如油。面多斑點。眼角低垂。未語先笑。搖手擺頭。
面帶兩削。面全兩陷。面肉堆浮。眼光白露。一唇自動。
口角生紋。鵝行鴨步。側目垂頭。斜視偸覷。自言自語。
臂蹻胸高。腰細肩寒。凸臍近下。乳頭白陷。皮縐如紗。
面大鼻小。額尖腳搖。齒白如玉。唇白不厚。唇青如靛。
笑若馬嘶。一步三搖。一言三斷。語言泛雜。頭大無髮。
鶴腿蠻腰。行如雀步。談笑頻阻。蹻唇無腮。見人掩面。
身如風柳。陰戶無毛。獐頭鼠耳。縮頭伸舌。託腮咬指。
陰毛如草。長面圓睛。剔齒弄衣。歎氣伸腰。陰戶皮光。
頭下過步。回頭頻顧。坐不安穩。腿上生毛。舌尖唇掀。

舉止癡迷。站立偏斜。額廣鬢深。鼠齒鬼牙。性情多變。
如馬換蹄。長身短項。鼻仰朝天。眼閉眉蹙。蛇行鼠餐。
項細肩寒。指短腰偏 飲食無盡。無事自驚。頭偏額窄。
背陷腹小。睡夢長啼。

女人五十八惡

顴骨尖露。顴骨太高。結喉露齒。（皆刑尅貧）蓬頭亂髮。
（主貧苦）蛇行鼠步。（貧賤淫）眉連髮粗。（六親無靠
刑苦貧賤）鼻上生節。（主刑尅）鉤鼻露孔。（貪賤奸淫）
目露四白。（兇險機害刑尅孤苦）額上多紋。（刑尅夫子）
雞胸狗肚。（貧寒淫賤）眼筋纏睛。（毒害傷人兇惡難產）
雄聲焦烈。（刑暴妬忌尅夫無子）生鬚生癦。（貧賤刑尅）
下唇過上。（刑尅夫子）上唇太厚。（性剛頑硬愚賤寒苦）

額上多紋（刑尅夫子）斜倚門前。側目窺人。未講先笑。

行走頭臭。整衣弄鬢。停針縐眉。搖身唱曲。髮黃無眉。

面多斑癧。有媚無威（上皆淫賤）人中平滿。眼下肉枯。

龍宮沖破。口如吹火。女生男相。眼深骨粗。唇黑口大。

無牙額凸（皆刑尅淫）面黑聲洪（淫兇惡毒）眉眼豎起。

（必主刑夫）見人則笑（淫賤相）鷹視狼顧。羊餐雀步。

舌急口快。面色青烏。眉稜骨現。陰沈不聲。作事乖張。

行坐若思。頭垂暗點。聲焦眼斜。聲急眼酷（皆惡酷妬）

眼光如豔。面帶桃花。面光如油。口大無收。陰毛如草。

陰硬無肉（皆淫相）面滑身澁（不滑謂澁）喜怒無常。

一搖三擺。盼前顧後。拈衣振衣。坐立不定。夢中多驚。

（皆淫相）

女人面痣說

昔人論痣。謂如山之生林木。地之出堆阜。山有美質。則生善木以顯其秀。地積汚土。則生惡阜以著其濁。萬物之理皆然。是以人之骨肉瑩白而美。生美痣以彰其貴。人之體膚粗黑而濁。生惡痣以表其賤。男女同也。大抵痣生於顯處多凶。生於隱處多吉。生於面上皆不利。然亦非可概論。大而無色。或大或小而不

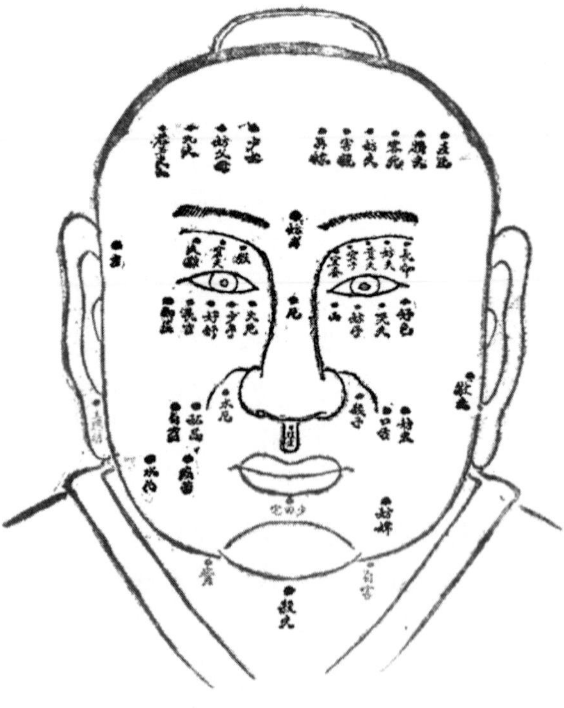

起。皆非善。圓如珠。紅如丹。黑如漆。白如玉。則皆善。又曰、天中貴位不宜居。男妨父母女妨夫。女人地閣須憂產。詔獄或見死囚拘。此以面上論也。按推部位。可見大概。至若乳間臍下下部足底生有痣者。定得與夫旺子。富貴一生。